**HARDPRESS**.NET
HOME OF HARD-TO-FIND BOOKS

# La France D'apres Nature
by Unknown

Ex Libris
Franc. Mainone
Presbyteri.

# LA FRANCE D'APRES NATURE.

OUVRAGE TRES UTILE POUR BIEN SE METTRE AU FAIT DES INTRIGUES DES MINISTRES DE LA COUR DE VERSAILLES CONTRE L'AUGUSTE MAISON D'AUTRICHE.

IMPRIME A COLOGNE, CHES LES HERETIERS DE PIERRE MARTEAU.

• • • • • • • • • • • • • • • • • • • • • • • • • • • • • • • •

M D CC XLVII.

# CHAPITRE I.

AUſſitot, que la *France* ſe fût debaraſſée de ſes ennemis du dehors, que les troubles qu'on avoit excités dans ſon Empire furent terminés, que la tranquilité intérieure y fut retablie, & que le despotiſme y fut introduit ; elle n'a pas diſcontinué depuis de vouloir tenir ſes voiſins en bride, & de tâcher de ſe rendre formidable par la force, par la violence, & par les Intrigues, & d'agrandir ſes Etats, en uſurpant ceux de ſes voiſins, par des voyes illicites, & par des conquêtes injuſtes, en re-

A                    pen-

pendant par tout la femence de la dif-
corde, en portant fur tout une envie
& une haine implacable contre l'augufte maifon *d'autriche*, que la divine
Providence a élevée au deffus de tant
d'autres illuftres maifons en *Europe*,
comme pour fervir d'appui & de confolation à la chretienté, en augmentant fes forces, fa Renommée & fa
gloire. Cette envie, & cette haine,
comme enracinées contre la maifon
*d'autriche*, & le deffein de la *France*,
pour l'opprimer, font presqu'auffi anciens que le voifinage des *François*. Il
ne feroit pas difficile de prouver cecy
par des Traits inconteftables, par des
Ecrits particuliers & publics, par des
preuves autentiques, & même par le
temoignage des Ecrivains *François*, fi
je ne craignois une trop longue dis-
greffion; vû la grandes quantité de
mauvaifes matières. Mais tout le monde
(*a*) en eft fans cela trés convaincû,
ou

(*a*) On fait jusques à quel point le peuple
pouf-

on peut facilement le faire par l'Histoire de prés de trois siécles, qui en est

pousse sa curiosité, c'est un animal, qui
voit tout, qui écoute tout, qui en-
tend tout, & qui divulgue tout ce qu'il a
vû, & entendu, si la curiosité de ce Public, examine la conduite des particuliers,
cest pour divertir son oisiveté; mais lorsqu'il juge du caractere des Princes, c'est
pour son propre interêt, aussi les Princes sont ils exposés plus que tous les autres hommes aux raisonnemens, & aux ju-
gemens du monde; ils sont comme les
astres, contre lesquels un peuple d'astro-
nomes braque ses Lunettes, & ses astro-
labes: en un mot aussi peu le soleil peut
il couvrir ses taches, aussi peu les Grands
Princes peuvent-ils cacher leurs vices &
le fond de leur caractère aux yeux de tant
d'observateurs; quand bien même le masque de la dissimulation couvriroit pour un
tems la diformité d'un Prince, il ne ce
pouroit pour tant pas faire qu'il gardât ce
masque continuellement, & qu'il ne le
levât quelque fois; ne fusse que pour respirer, & une occasion seule peut suffire

pour

prèsque toute remplie, & qui les demontre évidamment. Mon but à prèsent est seulement de deduire ce dernier point dans la partie que voicy, en exposant de quel moyen la *France* s'est servi jusques à present pour affoiblir l'Etat fleurissant de la maison d'*Autriche*, afin de restreindre ses droits, de diminuer ses Etats, pour ternir sa gloire, & amoindrir son autorité, & ses prérogatives, & par l'a tâcher de se frayer un chemin à la monarchie universelle, soit par l'abaissement, soit par la destruction & de cette auguste maison, en subjugant, & enchenant toute l'Europe (*b*) en renversant son Equilibre.

CHA-

pour contenter les curieux. On lit ce passage admirable dans l'incomparable *Anti-Machiavel*, Tome II. chap. 18. 19. & 22. Le mémoire present rendra temoignage d'une infinité de ruses, d'Intrigues & de chicanes dans lesquelles la cour de France excelle plus que toutes les autres ensemble.

(*b*) Lorsque la monarchie des *assiriens* fut en vogue,

## CHAPITRE II.

APrés que CHARLES VII, eût chaf-
fé les *anglois*, par fineſſe, par force, & par un heureux hazard, & au
quel il ne s'attendoit pas, & qu'il les

eût

vogue, on parloit l'*aſſirien*, dés que celle
des *Perſes* vint à éclore on donna la prefe-
rence à leur Idiome; Pendant la monarchie *Greque*, la Langue *Greque* fut en grande eſtime, comme la *Latine* du tems des
*Romains*, & ſi on devoit juger ſuivant cette anecdote la monarchie *Françoiſe* feroit à
preſent introduite. Leur Langage, leur
argent, & leurs inventions ſont à la mode
presque dans tout le monde, & par tout
on danſe à la *Françoiſe*, & la *France* peut
ſe glorifier que presque toutes les nations
ſe reglent avec docilité ſur ſes manieres,
au lieu que ſi ces mêmes Nations vouloient
connoitre leurs propres forces, & examiner la foibleſſe de la *France*. cette ſuper-
be deperiroit par le Mal Ethique, & la
racine de l'arbre monarchique *Gaulois*,
ſecheroit, & les *François* feroient obligés
de parler toutes les Langues, comme ceux
qui batiſſoient la Tour de *Babel*.

eût obligés d'abandonner la plus grande partie de la *France*, jusque dans un petit coins de la *Picardie*, & calmé les feditions interieures, & qui avoient du-rées longtems, en transferant la guerre en *Angleterre*, il n'eut enfin plus rien à craindre de ce Royaume inquieté, il l'aiffa un Regne affés paifible à fon fils ingrat LOUIS XI. l'an 1461. Celui-cy, qui étoit un homme capricieux, malin, & chicaneur, tâcha d'agrandir fon païs a-lors tranquile, regardant la fouverai-neté comme le meilleur moyen pour y parvenir, & il y eft parvenu par des rufes extraordinaires, ainfi que le re-marque un Hiftorien *François*, nommé Philippe *Comineus*. Il fe figura, que la maifon ducale de *Bourbon*, de laquelle defcendoit en droite Ligne la maifon archiducale d'*Autriche* du coté maternel, & que, quiconque en deviendroit l'he-ritier legitime, s'oppoferoit le plus à fes projets, en ce qu'il feroit en état de refugier les Princes, Seigneurs, & au-tres fujets *François* oprimés. Pour y reme-

remedier & affoiblir ce Prince formidable il chercha à l'inquieter de toutes les
manieres, quoi qu'il eût trouvé depuis
nombre d'années un azile chés ce Prince qui l'avoît comblé de bienfaits, au
moyen de quoi il évita le juste couroux du Roi precedent. Dans cette vûe
il commença une guerre injuste contre le Duc *Charles* de *Bourgogne* l'an
1465. mais il n'y réussi pas ; & ne
pouvant rien gagner par la force ouverte, il employa les artifices les plus
indignes pour parvenir à son but, &
en conformité de cela il excita la ville de *Liege* à se revolter contre son
maitre legitime , tandis qu'il visitoit
pendant ces entrefaits le Duc, tant
pour se mettre à couvert des soupçons,
que pour être à portée d'être instruit
de ses conseils, pour les traverser. Mais
comme ses pernicieuses machinations
furent découvertes, même en sa presence, & qu'il fut arreté ; il s'echapa, &
se mit lui même en campagne contre
les Rebelles qu'il avoit excités lui même

par

par ses fomentations, & aida à remporter la ville mutinée, & fut le premier à crier *Vivat* Le Duc de *Bourgogne*, en promettant de ne jamais avoir recours à ces sortes de supercheries : toute fois dés qu'il fut en Liberté, il suivit la maxime adoptée par les *François*, (c) *Qu'un Roi n'est pas esclave de sa parolle.* Il proposa donc une alliance & traité de partage à l'Empereur *Frederic.* en sollicitant fortement ce Prince pacifique à attaquer conjointement avec lui le Duc, afin de partager entr'eux ses Etats, quoique ce Roi eût la plus grande intention de s'approprier de la meilleure partie, la *France* ayant déja appris l'art de proposer des Traités de partage, pendant la vie des Rois, & des Princes, & d'y attirer les autres Puissances, imitant en cela le procedé du Lyon, lorsqu'il mis sur le Tapis son traité de partage devant les autres animaux assemblés, & dont le bût n'étoit

(c) *Le cheval marin, le Crocodile, le Bétail, les Brebis, le Berger & les chiens.*

n'étoit que de se rendre maitre du
tout.

L'Egypte ce païs proné;
Où va le Lait, & miel en borde,
Nous montre des objets damnés.
Crocodile; & cheval marin,
Sont là des bêtes haïssables.
Le cheval hennit, & voyés en le plus,
Le pere même n'est exclus,
S'accouplant avec sa mere,
Le crocodile fait contrefaire.
Et reçoit en fin rusé
Maint rotis assés aisés
N'aguéres il vit sur la Prairie.
Le Berger tondre son troupeau
Il le mangea plein de furie
Disant d'un ton tout haut,
Brebis me voila qui vous vange;
Mais helas! suivés mes avis,
Otés les chiens qui sont bien pis.
Le meilleur chien en Loup se change;
Craignant leur aboyement
Il leur soutint également,
Qu'aucun chien ne cherchoit leur
    repos.

A 5                    Donc

Donc il les engloutit encore,
Et ceux qui l'ofoient contredire
Se reffentirent de fon Ire.
Le Feftin fembla lui couter;
Il verfa des chaudes Larmes,
De ce que pour le bien des brebis ou-
            tragées
Tyran on le nomma, & qu'on fit
    tant de vacarmes,
Ah! dit-il mes pauvres Enfans
Souvenés vous icy du tems,
Où le cheval marin vint ronger juf-
            qu'aux os
Tout le Betail fi gras, & fi gros;
Pour qu'on ne vous faffe pas le même
Je veux me ranger prés de vous;
Mais il faut que les moutons blément,
Les gourment mangent plus que deux
Sans multiplier leur engeance.
Raifon qu'il chercha parmi eux.
Les Boucs, ausquels il s'acofta
Et puis après les englouta
Selon fa noble accoutumance,
Il mangea les Tendres Agneaux,
Ce gouloux voulant faire accroire
                        N'avoir

N'avoir veillé que pour leur bien
Il difoit au Troupeau chagrin,
Pour s'attirer refpeft & Gloire;
Je vous tiens lieu de Bouc s'cy,
Je vous aimerai fans melange;
Et vous verrés que nos Enfans
Seront de nos Temperamens.
Rien ne peut à l'avenir vous caufer
des Tourmens,
L'amour qu'il leur portât fut pour-
tant tant étrange,
Qu'il les devora tendrement.

Exemple que les Rois fes fucceſ-
feurs, fur tout LOUïs XIV. ont toujours fuivi avec les mêmes artifices,
mais avec plus de bonheur & de Succés. Car alors l'Empereur, Jufte & af-
fable n'accorda pas la moindre audience
à l'Ambaffadeur *François* touchant la
participation qu'on lui propofa dans cette guerre pour divifer la *Bourgogne.* Il
falut donc que LOUïs fongeat à mani-
er cette affaire d'une autre façon : en ef-
et il fuggera l'année fuivante une guerre

re contre le Duc *Charles* de *Bourgogne*, Les *Suisses*, & le Duc *Renaut* de *Lorraine*, dans le dessein de l'affoiblir par des forces étrangéres, ce qui lui réussit alors si bien, que le Duc *Charles* perdit dans la premiere Bataille ses Tresors, dans la seconde l'Elite de ses Troupes, & dans la troisiéme sa propre vie. Aussitot LOUIS fut instruit de cet évenement, par des Couriers & par ses Espions qu'il tenoit gagés dans l'armée des *Bourguignons*, afin d'y prendre ses mesures, en cas que le Succés repondit, on non à son attente. Aussi tot qu'il eût appris la mort du Duc, il se mit en possession du Duché de *Bourgogne*, pendant que la consternation y regnoit sous le specieux faux fuyant, que la *Bourgogne* étant un appanage de la *France*, La Fille *marie*, qui restoit après le Duc n'y pouvoit succeder. La fausseté de ce procedé se manifeste assés; parceque la *Bourgogne*, cy devant dependante de l'Empire *Allemand*, ne tomba entre les mains des *François*, que par un mariage con-

conclu autre le Roi *Jean* de *France*, & *Jeanne* Sœur du Duc *Edon* IV. Non obftant cela la force la emporté fur la Juftice, & la Princeffe *Marie* fit un choix heureux entre trois competiteurs, en prenant *Maximilien d'Autriche*, & Elle fut contrainte d'abandonner à l'ufurpateur fon Duché Hereditaire, & Elle a vuë la verité de la prédiction faite par le Pere du Roi LOUIS à fon Grand Pere *Philippe le de Bonaire*, à l'occafion de l'accueil plein de bonté qu'il à fait à ce fugitif, favoir *qu'il n'eleveroit dans fon fils adopté, qu'un Renard rusé, qui mangeroit un jour fes poulets.* Les Hiftoriens *François* bien loin de difconvenir des actions feditieufes du Roi LOUIS contre le Jeune Archiduc *Maximilien*, ils avouent ingenuement, qu'on étoit en droit de donner à l'Archiduc *Maximilien* l'Epithete de Grand & prudent Capitaine, parce qu'il avoit fçû dans fon bas âge fe fouftraire & fe delivrer afsés bien des Tours de Paffe Paffe, & dés ménées fubtiles du Roi LOUIS. Voyés les mémoires
de

de *Pierre Brantome* contenant les vies des hommes illustres & les grands Capitaines étrangers de son tems Tome I., page 51. Où il parle ainsi de *Maximilien*. „ L'Empereur *Maximilien* & jeune & „ agé, a été un grand Capitaine, quand „ il n'auroit fait autre chose, que de „ s'être debarassé en son jeune âge des „ menées, des rufes, des entreprifes, „ & des mains par guerre & par finesse du Roi LOUIS XI. Il a fait beaucoup.

Quand les Princes de la Terre,
Affamés & fanguinaires
Pressent l'homme malheureux
Au niveau du Crocodile, & de l'Hippopotame
Quoiqu'ils soient furieux,
Ou qu'ils couvent par leurs feintes
de ces jeunes Crocodiles,
Ils n'égayent pas une ame.

Mais toute morale moderne, ou antique n'est rien en comparaison de celle qui se trouve dans l'examen du Prince,

ce, ou *Anti Machiavel*, qui devroit fervir
de modele, & fon Auteur pour Heros
à tous les maitres de l'Univers. Je rap-
porterai icy quelques paffages, qui ne
peuvent fortir que d'un cœur vraiment
grand. Tome I. chap. III. page 9. „ Ce
» n'eft pas afsés que le Prince foit, com-
» me dit Machiavel *di ordinaria Induftria*,
» Je voudrois, encore qu'il rendit
» fon peuple heureux. Tom. I. chap.
» III. chap. 15. Je demande ce qui peut
» porter un homme à s'agrandir? Et
» en vertu de quoi il peut former le
» deffein d'elever fa Puiffance fur la mi-
» fere, & la deftruction des autres hom-
» mes, & comment-il peut croire de
» fe rendre illuftre en ne faifant que
» des malheureux. Les nouvelles con-
» quêtes d'un Souverain ne rendent pas
» les Etats qu'il poffedoit déja plus opu-
» lens, ni plus riches: fes peuples n'en
» profitent pas, & il s'abufe, s'il s'ima-
» gine qu'il en deviendra plus heureux.
» Chap. XIV. page 229. mais le foin de
» bien gouverner, c'eft celui de rendre
                                        fon

&#x201E; fon Etat floriffant, de proteger & de
&#x201E; voir les Succés de tous les arts, &
&#x201E; d'en fairefon plus grand plaifir, &
&#x201E; malheureux celui à qui il en faut d'au-
&#x201E; tres. Tom. II. chap. 24. page 164.
&#x201E; heureux feroit celui qui pourroit dé-
&#x201E; truire entierement le *machiavellisme*
&#x201E; dans le monde, j'en ai fait voir la
&#x201E; confequence, c'eft à ceux qui gouver-
&#x201E; nent la Terre, à la convaincre par
&#x201E; leurs Exemples.

Il paroit que les Rois de *France* ont puifé leurs maximes d'Etat dans *Alexandre le Grand*, & fur tous dans fon Pere *Philippe*; Je n'en veux citer icy que quelques traits que l'Hiftoire *macedonienne* nous dit de ce monarque. L'injufte conquête du Royaume d'*Epire*, ou *moloffien* fut le premier indice que ce n'etoit pas par la vertu qu'il tâchoit d'elargir & de rendre fes Etats heureux. Il demanda en mariage *Olympie* proche parente d'*Arymba*, Roi d'*Epire*, fous pretexte du coufinage, il trompa ce bon Prince, & le chaffa de fes Royaumes:

La

La cupidité de l'agrandir s'étendit aprés
fur route la *Grece*, dont il fe rendit maitre, par fupercheries, animant toujours
les États & les villes l'un contre l'autre, & fous pretexte de les vouloir affifter, il les reduifit tous fous fa domination, ainfi que le dit *Iuft. Lib.* 8. *Grœ-
ciœ Civitates dum imparare fingulœ cupiant,
Imperium omnes perdidere*, en fe fervant
de l'Hipocrifie. Car lorfque les *Pheniciens* ne pouvoient pas ramaffer l'amande
qui leur avoit été impofée, ils depouillerent le riche Temple de *Delphe*, par
l'inftigation de *Philomele*, & allerent, fous
fa conduite, & avec le *nervo rerum ge-
rendarum*, que l'oracle avoit donné, au
devant des *Thebains*, & des *Theffaloniens*,
qui firent auffi marcher une groffe armée, qu'ils confièrent au diffimulé *Philippe*, dans l'efperance, que ce Roi pa-
roiffant être fortement irrité, & leur
offrant fes bons offices, vangeroit éfficacement ce facrilege, & l'honneur des
Dieux, qui avoit été profané. Mais ils
furent terriblement attrapés, puisqu'au

B                                    lieu

lieu de voüer son zele à *Apoll.* il n'eut
d'autre bût, que celui de satisfaire, son
ambition. Aussitot aprés qu'il eut cou-
roné son armée de Lauriers avec le secours de ses Alliés, & qu'il eut battu &
porté la terreur parmi les *Pheniciens, Philippe* devint non seulement sacrilege;
mais encore le plus grand meurtrier
qu'on ait vû. Ses Alliés, qui l'a-
voient reçû avec toutes les demon-
strations de joye imaginables furent, ou
depouillés de leurs biens, ou massacrés, ou leurs femmes & Enfans ven-
dus, ou faits Esclaves, & tous leurs
Temples furent pillés, comme celui de
*Delphe*; on ne disoit plus *Illum vindicem
sacrilegii, Illum ultorem Religionum esse:*
*Lib.* 8. *Just.* non, on parloit autrement
de lui : & *Just.* dit dans le Livre, cy
dessus mentioné, *& ne quod jus vel fas
inviolatum praetermitteretur piraticum quoque*
exercere instituit. Par ses expeditions
indignes de la Royauté, il a beaucoup
aggrandi ses Etats; mais il n'a rien ajouté à leur felicité; il a augmenté sa puis-
                                    sance

fance jusques au point de pouvoir faire une incursion en *Perse :* Puissance qui ne fut cependant pas durable, puisqu'elle a été ensevelie avec lui & son fils. Voicy le seul renom qui reste à tous deux : c'est à dire, qu'ils se sont servi de toutes les voyes iniques, injustes, & inhumaines pour parvenir à la monarchie universelle : chemin qu'ils ont bientot abandonné ; & leur ancienne maison, qui avoit prosperée pendant des Siecles entiers, fut tout d'un coup éteinte ; maison qui se soutiendroit, peut être, encore, s'ils avoient choisis la vertu, & la circonspection pour compagnes du courage.

## CHAPITRE III.

CHARLES VIII. Fils de LOUIS XI. fonda son gouvernement sur cette regle recommendée par son pere ; *Qui nescit dissimulare, nescit regnare.* Il continua à s'opposer à l'accroissement fleurissant de la maison d'*Autriche*, & employa

ploïa

ploïa toute forte de moyens pour y parvenir. Jusques à lors il avoit été continuellement en guerre avec *François* II. de *Bretagne* dans le deſſein de le reduire ſous ſa domination; mais celui-cy mourut en 1488. & laiſſa pour Heritiere une fille unique promiſe du conſentement de ſes vaſſeaux, ſans que que la *France* y participât en aucune maniere au commencement, & ce la avec *Maximilien* d'*Autriche*, & même le mariage fut fait par procuration, ſuivant la coutume du Legat *Polzheim* d'*Autriche*, qui en étant imbu par une mauvaiſe raiſon d'Etat, entreprit de détourner cette Epouſe, tantot par par des raiſons qu'il croyoit bonnes, tantot par des menaces, & cecy ne réuiſſant pas ſelon ſes deſirs, il oſâ l'enlever chemin faiſant vers *Hennigau*, chés ſon propre Epoux, & commit par ce moyen un Rapt public, en lui donnant la main, & pour incorporer la *Bretagne* avec la *France*; Il y a pluſieurs Ecrivains *François*, qui ne pouvant nier ce Rapt, s'éforcent

forcent à le pallier  (*d*)  l'évidence de la
B 3                            verité

(*d*) Entre autres *Virgile* nous fait une
description de ces Epousailles dans son
*Historica Anglica.* Lib. 18. p. 581. *E-
ditionis Basil. de anno* 1556. *Nocte in-
sequenti* Anna nuda *Torum conjugalem
matronis, non nullis ac principibus Testi-
bus ingreditur & Procurator mariti vi-
ce cujus in eo negocio Vicarius erat alte-
rum crus, genu tenus intra stragula in-
jicit, perinde quasi ita puella cubando ma-
trimonium pro consumato habeatur.* Et
*Cuspinianus* parle de cet évenement
dans *Maximiliano* p.605. *Carolus Ar-
mam Maximiliano desponsatam vi eri-
puit,* & pag. 612. *eam violenter surri-
puit. Math. Dresserus* dans son *Historiâ
Isagoge* part. 5. pag. 198. *Brittannica
sponsa ad* Maximilianum *ducebatur,
quam in itinere intercepit & abduxit
Rex Franciæ. Carolus Christ. Matthias
in Theatro historico* pag. 1020. *Lega-
tis Maximiliani sponsam deducentibus
eam eripùit, & Albertus Krantius in
Saxoniâ Lib.* 13. *cap.* 15. *pag.* 937.
Observe outre cecy, que l'Envoyé
*Autri-*

verité les contraint de convenir du fait
principal, & même les Theologiens
*fran-*

*autrichien* avoit été muni d'un passe-
port *françois*, pour voyager sans em-
pechement avec l'Epouse archiducale
par les païs *françois*, & que le Roi
*Charles* VII. non obstant tout cela a-
voit assisté en personne à cet enlevement, c'est ce que bien d'autres, aussi
bien que l'auteur *du grand Theatre
Historique*, imprimé à *Leide* en 1703.
attribuent aux Ducs de *Bourbon* & *d'Orleans*. Voicy les belles parolles du
celebre *Albert Krantius*, & fort ener-
giques. *Incolume iter à Rege Franco-
rum cum puellâ & securitatem publicam
deposcerunt Legati, non negatur, igitur
rebus in provinciâ constitutis ex senten-
tiâ cum puellâ, & honeste comitatâ iter
per Franciam invadunt, freti præstitâ
securitate, jam pervenere in locum, qui
Franciæ Regi ad institutum suum visus
est idoneus: Aderat Rex ipse cum aliquot
ex Regni Proceribus, puellam sibi sisti
jubet.* Sans faire mention d'autres Historiens impartiaux, qui attestent le
fait.

françois désaprouverent cette action
indigne. (e) dont l'injustice sautoit aux
A 4 yeux

(e) Parmis les Ecrivains françois, qui
nient cet enlevement violant, il se
trouvent principalement *Varillas* dans
son Hstoire de Charles VIII. & l'auteur de la reponse aux questions d'un
Provinciale, qui reclament là dessus,
que *Mezerai*, & *Argenthe*, qui sont
deux Auteurs de l'histoire *angloise*,
n'en font pas mention, c'est une raison faciles à deviner, c'est parce qu'ils
n'ont pas jugé à propos d'exposer
aux yeux de l'Univers l'indecence &
la honte de leur propre Roi, cherchant à tordre & à deguiser les propres parolles suivantes de l'Empereur,
qui selon eux étoient d'un sens different, *Raptus ex nimio dolore*; Ils traitent de fictions les temoignages des
Historiens érrangers, de sorte qu'il
est aisé de nier les faits les plus con-
nus. Cependant *Comineus* avoüe Libr.
VII. cap. 3. que plusieurs Docteurs
françois, en Théologie avoïent repre-
senté au Roi l'Injustice de son procedé.

yeux de tout le monde, ce qui l'aggrava, ce fut parceque *Charles* étoit promis depuis 1411. ainsi 9 ans avec *Marguerite* fille de *Maximilien d'Autriche*. On envoya cette Princesse en *France* aux Instances de LOUIS son Pere; mais la *France* étoit déja dans ce tems là dans l'habitude de ne tenir ni promesse, ni Traités, ni autres actes sacrés, malgré qu'ils fussent cimentés de la maniere du monde la plus solomnelle, pourvû qu'on puisse tirer avantage de leur dissolution, c'est ce qu'on a pratiqué depuis dans toutes les occasions, & *Charles* VIII. ne se fit aucun remord de conscience de ravir par finesse, & par force l'Epouse de son beau pere, & de lui renvoyer en échange sa fille. Enfin je ne veux pas alleguer icy de quelle maniere *Charles* VIII. fit la guerre au Roi *Alphonse* & *Ferdinand* de *Naples* en 1491. le chassa, & voulut conquerir ce Royaume hereditaire, quoique ce seroit un temoignage autentique des mauvaises & pernicieuses nicieufes intentions de la Couronne de *France*; mon but n'étant uniquement que de détailler les injuftices faites à l'archiducale maifon *d'Autriche*.

## CHAPITRE IV.

PUisque Charles VIII. n'a pas laiffé d'Enfans de l'Enlevée, *Anne de Bretagne*, & que fon coufin, & Succeffeur LOUIS XII. craignoit, que la veuve Royale ne s'emparât, de fon Duché de la *France* par un fecond mariage, foit avec un Prince *Autrichien*, ou un autre Etranger, il repudia fon Epoufe legitime avec laquelle il avoit vecû plus de 15. années fous le pretexte incroyable de ne l'avoir jamais touché pendant ce long efpace. Debut que les plus fameux Ecrivains *François* revoquent en doute (*f*) apresquoi il époufa cette

B 5        riche

(*f*) Parcourés les memoires de *Brantome*, contenant les vies des Dames illuftres de *France* de fon tems: màis le Roi

riche *Anne de Bretagne*, dont naquit une fille nommée *Claudie*, qu'on propofa du com-

Roi protefta de l'avoir époufée par force, craignant l'indignation du Roi *Louis* XI. fon Pere, qui étoit un homme refolu, & qu'il ne l'avoit jamais connuë, ni touchée, quoiqu'ils avoient été longtems mariés & couchés enfemble; mais la chofe fe paffa toute fois ainfi, en quoi cette Princeffe, fut fort fage, en faifant la même reponfe de *Richarde*, Fille d'*Ecoffe*, & Femme de *Charles le Gros*, Roi de *France*, lorsque fon mari la repudia, affirmant par ferment de ne l'avoir jamais touchée : *Or cela va bien*, dit-Elle, par le *ferment de mon mari, je fuis encore demeurée Vierge & Pucelle*: On voit, que par ces parolles cette Reine fe moequoit hautement du ferment de fon mary, & de fon pucellage. Nous avons auffi lieu de douter fi ledit Roi *Louis* ayant couché tant de fois avec fa femme, pendant le vivant du Roi *Louis* fon Pere, & le Roi *Charles* fon Frere, nous avons, dis-je, lieu de douter,

commencement à Charles V. mais on
l'a contraignit bien tot à époufer *François
I.* afin que la maifon d'*Autriche* n'en pût
tirer aucun fruit.    A lors le Roi LOUIS,
en 1497. fe mit dans la Tête de vouloir chaffer de fes Etats, & fujets LOUIS
*Maure* Duc de *Milan* : Duché qui n'appartenoit pas encore immediatement à
la maifon d'*Autriche*, mais, *qui propter ne-
xum feudalem*, dependoit de l'Empereur,
& de *l'Empire* dont les prerogatives furent fort en domagées par cette Invafion, c'eft auffi pourquoi, Le Roi
LOUIS n'en a pas pû longtems maintenir

douter, s'il ne la toucha pas, & s'il
ofoit parler autrement à fon Pere &
Frere.    Il fut encore fort heureux de
s'en vanter, & de l'avoir trés bien de
pucellée, autrement il lui en auroit
mal arrivé; mais après la mort du Pere & du Frere il nia tout, furquoi
il dit n'y avoir pas touché, afin d'E-
poufer cette belle Reine veuve, de
forte qu'il n'eft rien d'impoffible pour
un Roi.

tenir L'injuste acquisition, & quoique le
Duc mourût à *Loches*, où il fut detenu
neuf ans prisonnier. Cet heureux Succés des armes encouragea d'abord Louis
à deterrer de nouveau ses pretentions
d'ancienne datte sur *Naples*, & il entrà
en étroite liaison avec *Ferdinand* le *Ca-*
*tholique*, contre le Roi *Frederic* de *Naples*,
qu'il attaqua, & obligea à vivre le reste
de ses jours en simple particulier, avec
une pension de 30000. Ecus. Il est
probable, que la *France* n'eut jamais intention de partager serieusement ce Royaume conquis avec le secours des *Es-*
*pagnols*, mais de les mener seulement,
comme par le nez, sous ce pretexte de
Traité de partage, afin de les engager
à le seconder pour le mettre en possession du susdit Royaume, dónt il n'auroit
pas été difficile de les deloger, & de le
reduire sous la domination de la *France*,
dont on découvre les desseins dans toutes ses negociations, dés le commencement. Elle montre, pour me servir de
quelques debris du *Latin*, *Verba Lactis*,
au

au milieu, *Fraus* in actis, & à la fin
*damnum in factis*, ce qui se manifesta bi-
en tot, lorsqu'on s'apperçût, que les
*François* ne voulurent pas absolument
laisser aux *Espagnols*, l'importante Province de *Capitanata*, afin de recommencer pour ce sujet une nouvelle guerre,
dans laquelle ils comptoient de réussir
d'autant plus facilement, que les Troupes que les *Espaghols* avoient dans *Naples*
n'étoient qu'en petit nombre, & aussi
les *François* furent si heureux dans ces
circonstances épineuses, qu'ils chasserent
les *Espagnols* de tout le Royaume de
*Naples*, écepté de la Citadelle de *Berletta*,
de façon qu'il s'en falut peu, qu'ils ne
parvinssent à leur but, sans la capacité
extraordinaire, & la grande experience
du vaillant guerrier, le Generalissime
*Consalvo di Cordua*, qui les amusa jusques
à ce qui lui parvint du secours, dont il
se servi pour les en empecher : alors
toutes les affaires changerent de face ;
& les *François* furent chassés du Royaume l'an 1513. où ils éprouverent, que
l'in-

l'infidelité rejaillit fur les perfides, &
que le Syftéme eft faux, de croire, en
traitre, pouvoir parvenir à quelque
Chofe de bon. (g) Car comme les
*François* favent ordinairement colorer,
& deguifer leurs pernicieufes intentions, ils tâcherent de couvrir adroi-
tement l'Injûfte, & illegitime Baniffe-
ment du Roi *Frederic* de *Naples*, du
voile pieux d'un foin & d'une circon-
fpeétion furprenante pour la fureté de
toute la chretienté, foutenant, que ce
Roi

(g) *Trajan Boccalini*, grand Partifant
des *François* leur donne cet avis dans
fa *Balanciâ politicâ*, & conclut par l'exemple du Duc *Louis Maure* de *Milan*,
qui appella les *François* en *Italie* pour
attirer des ennemis aux *Napolitains*.
Vide page 254. & pour mettre lui &
fes Etats à couvert, mais la fuite en
fut fi mauvaife, que les *François*, fes
Alliés, le chafferent lui même & le re-
tirent toute fa vie prifonnier. Aver-
tiffement aux autres Princes d'*Italie*,
pour ce qu'ils ont à fe promettre
de tels Alliés.

Roi étant trop foible pour defendre
ses Etats des excursions *Ottomanes*, toute la chretienté souffriroit en lui laiffant le Royaume de *Naples*, qui fer-
voit de Boulevard du côté de la mer
à l'*Italie*; & au reste de la Chretienté,
& Ils offrirent alors, sans en être priés,
leur assistance, & s'assurerent d'une
protection sans rime ni raison, qui ne
consistoit que dans le dessein de violer
le droit des gens, & ne tendoit qu'à
fouler aux pieds les Loix naturelles, à
en fraindre la Liberté, à exciter des
guerres intestines, & à deguiser leur
procedés & leurs entreprifes, dans le
dessein d'abuser du Titre pompeux
d'arbitre chretien, bien que ces subterfuges ne s'accordaffent pas avec la faine
raison d'Etat, ni avec la Justice, ni avec
le droit des gens, ni avec l'intention veritable de la *France*, qui les propofoit
uniquement pour engager ses voifins
dans une Lethargie : Elle se ligua avec
*Ferdinand* le *Catholique*, qui étoit fort
zelé en fait de Religion, afin de dépof-
seder

seder *Frederic* de son Royaume Hereditaire par cette conquête, & que la *France*
fut bien tot après contrainte d'abandonner, & ce Royaume tomba en partage à
*Ferdinand* le *Catholique*, & par sa fille *Jeane*
à la maison d'*autriche*, où il est resté constamment plus de 231. ans, excepté
quelques années du Siecle où nous vivons. Quoique la *France* ait mis toute
en œuvre pour en priver l'auguste maison d'*Autriche*, & pour le garder Elle
même, ou pour en gratifier un autre, son
but en cela étant de diviser la maison
archiducale. Dans ce tems là il se trouva des Pseudopolitiques, qui conseillerent
au Roi LOUIS XI. d'entrer en confederation avec les Turcs, pour augmenter son pouvoir, & pour oprimer ses
voisins, à quoi l'Empereur Turc se seroit volontiers preté, si LOUIS dans
ce cas n'eut pas montré plus de Religion que beaucoup de ses Successeurs,
qui ont constamment recherché de sem-
blables alliances & à grands frais, dans
un tems, où toute la chretienté trem-
bloit,

bloit, & chancelloit, à cause des heureux Succés des armes *Ottomanes*. & dont nous trouverons dans la suite quelques preuves. Il y en a qui soutiennent, que la *France* avoit formé une Alliance perpetuelle avec la Porte. L O U I S rejetta à lors hautement ces propositions, & renvoya ses Conseillers peu chretiens, disant, *qu'il étoit indécent à un Roi très chretien de se liguer, & de rechercher l'amitie d'une Ennemi juré & naturel de la Foi chretienne, au préjudice des Fidelles.*

## CHAPITRE V.

A Peine *François* I., cousin du Roi precedent, fut il monté sur le Trône, qu'il s'empara pendant la même année du Duché de *Milan*, où le Duc *Maximilien Sfortia* sétoit bien établi; & il obligea ce Prince infortuné, à se contenter, comme ses Predecesseurs, d'une pension de 30000. Ducats, en renonçant à ses pretentions sur *Milan*, même sans le consentement de l'Empereur, &

C                                                  de

de l'*Empire*. L'année fuivante *François* I. fe fit couronner Empereur d'*Orient* à *Bononie* du confentement du Pape *Leon* X. ce qui trahit beaucoup fon orgueil demefuré, & lui attira fort peu de gloire, & d'eftime de la part des gens bien fensés. *François* I. s'apperçût lui même qu'il ne tiroit pas beaucoup d'avantages de cette Ceremonie frivole, & pour cette raifon, il afpira à un Empire folide, & aprés la mort de *Maximilien* I. qui arriva 3. ans aprés, il fe mit en tête de vouloir exclure la maifon d'*Autriche*, fi neceffaire, & fi refpectable à l'Empire, du Trône Imperial d'*Occident*, & de s'y élever lui même, ou du moins de mettre la Couronne Imperiale fur une autre tête; il s'adreffa non feulement encore une fois au Pape, mais auffi à plufieurs Electeurs & Princes de l'Empire: C'eft ce qu'entre autres chofes *Schleidonus* expofe amplement; mais les *Allemans*, qui craignoient par des raifons folides, les fineffes, & les fraudes de la *France*, reflechirent

chirent fur les merites incomparables
de la trés auguste maifon d'*Autriche*,
pour ce qui regardoit l'*Empire*, & les
reveroient de la même maniere que les
hautes qualités du jeune Roi d'*Efpagne*,
& archiduc *Charles* d'*Autriche*, le regardant comme digne d'être reverû de la
dignité Imperiale, & ne pouvant élire
un Etranger fuivant la coutume de leurs
predeceffeurs.     L'Election tomba au
commencement fur l'Electeur de *Saxe*,
*Frederic* le Sage : *François* I. leur ayant
malicieufement infpiré de l'ombrage
contre la puiffance du Roi *Charles*. Mais
la candeur la prudence, & la magnani-
mité de ce Prince fe manifeftant d'une
maniere ingenuë dans toutes fes actions
patriotiques, auffi bien que les rufes
*Françoifes*, il refufa la Couronne Imperiale, & recommanda fortement & d'un
cœur desinterefsé *Charles* d'*Autriche* à fa
Place, de forte que celui cy fût unanimement Elû par les Electeurs pour leur
chef & Empereur des *Romains*, fans a-
voir aucun égard aux preparatifs des

*Fran-*

*François*, qui se virent par là frustrés de leurs Espérances, par l'Elevation inopinée de la maison d'*Autriche*, ce qui causa à *françois* une grande jalousie & une haine implacable; passions qui se manifestoient par les guerres continuelles contre la maison d'*Autriche*, & qui ne se terminerent qu'avec la fin de ses jours, par raport à sa propre personne, mais non pas par raport à ses Successeurs. Le Sieur *Robert* de la *Marche*, se reposant sur le credit de *François* I. fut assés éffronté, pour envoyer un Cartel à l'Empereur, & d'envahir *Lutzelbourg*. Cependant la Justice prévalût, & quoique *François* s'éforcoit à prendre le parti de ce Turbulent, l'Empereur s'en defit heureusement, & de ses Compagnons, & acquit une grande reputation, & il n'en revint à *Robert* que du chagrin, & du domage, & aux *François* une moisson de honte, & d'oprobres. Pendant que *Charles* séjournoit en *Allemagne* pour travailler aux affaires d'Etat, & aux siennes propres, plusieurs sujets mécontens

en

en faifoient autant pour toubler, & inquièter le Royaume d'*Efpagne*, la *France*
fe fervi de fa maxime favorite, qui porte en fubftance, *de s'enrichir en foulevant*
*fes voifins entre eux.* Et *François* faifit avec
avidité l'occafion de le tenir en Echec,
& envahit fans aucune déclaration de
Guerre (*b*) Les Provinces feditieufes
C 3 fes

(*b*) Les *Grees* declaroient la guerre
aux ennemis, en leur envoyant des
Heros. Les *Romains* en firent de même, fuivant le temoignage de *Livi* :
Lib. I. cap. 32. jettant une poignée de
mouffe, & de verveine avec une pi-
que de bois rouge fur les frontieres
ennemies, & détailloient en même
tems les raifons, qui les portoient à
déclarer la guerre, & expofoient leurs
plaintes, & en demandoient fatisfa-
ćtion; aprés quoi ils attendoient 30.
jours pour voir fi on leur rendroit Juftice, fi non ils repetoient les mêmes
declarations de guerre, & enfuite ils
agiffoient offenfivement, en tirant u-
ne Fleche dans le païs des ennemis pour
marquer leur inimitié, ou ils faifoient
for-

fes *Espagnols*, avec une nombreufe armée, pendant l'abfence de leur Souverain, & en conquit quelques unes,
dont il fut néanmoins bien tôt chafsé,
dés l'heureux retour de *Charles*, & les
*François* furent obligés de retrograder,
& le Prince *Charles* d'*Autriche* continuà
à jouir

fortir un Belier fur leurs Contrées,
leur temoignant par là, qu'ils leur de-
mandroient bien tot du fourage &
des munitions. Parçourés le Paffage
des differtations *de manifeftis*, & *Gro-*
*tius de Jure Bellico & Pacis* Lib. 3. cap.
3. De notre tems les manifeftes furent
introduits; mais comme les Rois de
*France* aiment à débattre leurs prêten-
dus differens en forme de procés, cecy eft ingenieufement difcuté par le
Baron de *Lifola*, grand Politique,
dans fon Bouclier d'Etat, & de Juftice, Art. 3. p. 73. „La *France* feule
„ qui n'eft que fur le feuil de la porte,
„ veut déja commander dans le Lo-
„ gis, & fans autre forme de procés
„ fe fait un Tribunal de fon Trône,
„ des avocats de fon armée, & des Ju-
„ ges de fa propre Puiffance. „

à jouir de ce qu'il poſſedoit déja de L'-
Empire d'*Occident*, des *Pais Bas*, de
quelques Etats de *Bourgogne*, des Royaumes d'*Eſpagne*, de *Naples* de *Sicile*, de
*Sardaigne*, & de la plus grande partie de
l'*Inde* du *Oueſt*, & ſon frere *Ferdinard*,
en vertu du mariage conclût l'an 1521.
avec la Princeſſe Anne, étoit heritier pre-
ſomptif de *Hongrie*, de *Bohéme*, de *Moravie*, de *Sileſie*, & de *Luſace*, dont auſſi
l'Iſſuë repondit heureuſement à l'attente à la mort de *Charles* en 1527. Perſonne ne peut diſconvenir, que la Providence divine, que nous ne pouvons
jamais aſſés admirer & venerer, a con-
duit cette auguſte maiſon par des voyes inconnuës & l'a gratifiée de tant de
Provinces, & d'une puiſſance ſi formidable pour defendre la chretienté, contre celle des *Ottomans*, & pour borner
les forces de ces Infidelles, qui ſont par-
venuës à un ſi haut degré.

Aprés tout bien conſideré il feroit
incomprehenſible, de vouloir s'imaginer que la maiſon d'*Autriche* eût voulu

for-

former le deſſein de tendre à la monarchie univerſelle, ainſi que les *François*
l'en voudroient accuſer; vû que l'avantage qu'il y auroit d'y parvenir nous paroit ſi douteux, & qu'il lui feroit presqu'impoſſible d'y parvenir. La ſitua-
tion de ſes Etats, les differentes formes
de reglemens introduites, la difference
du genie des ſujets diſperſés, la clemence preſque innée des Princes & Princeſſes de cettte maiſon, ſes maximes
fondées ſur l'équité, & la Juſtice dans
leur Regence, les Schiſmes d'Egliſes
pendant ce tems là, le zele pour leur
Religion, qu'ils preferent, à tous les
autres interets de l'Etat, leur ponctua-
lité à obſerver les Traités conclus avec
leurs voiſins, le Grand ſoin qu'ils pren-
nent pour conſerver leurs Empires dans
la tranquilité, & pour regner ſuivant
les Loix & Statuts, n'impoſant que des
Taxes modiques & conformes à la capacité d'un chacun, qui ne paye, que
ce qu'il peut, leurs treſors épuiſés, leurs
Arſenaux vuides, la reduction des meilleures

leures Troupes, aprés les guerres fini-
es, la volonté & le defir de laiffer regner
une paix profonde, & à un chacun de
ce qui lui appartient, l'horreur qu'ils
ont pour toutes les alliances injuftes, &
indignes d'un chretien, & plufieurs autres circonftancés de cette nature, ne
furent jamais une preuve qu'ils cherchoient les moyens de parvenir à la monarchie univerfelle, par des conquêtes
injuftes & vaftes, ou à donner lieu de
le craindre, ni même de le foupçonner.
(i) Cependant *François* I. jugea à pro-
C 5                                    pos

(i) Le peu de fondement de la fusdite
accufation eft difcutée en racourci par
le Bar. de *Lifola* dans fon Bouclier d'E-
tat, & de Juftice. Art. 6. p. 196. &
page 202. parlant du dommage que
l'*Europe* y avoit reffenti, & de ce
qu'Elle en avoit à craindre pour l'avenir, fi Elle fe laiffoit endormir par ce
conte fabuleux de la *France* fondé fur
la Jaloufie. On ne trouve pas, dans
toute l'Hiftoire, aucun Prince *Autri-*
*chien* feroce, & porté à la cruauté, ou
qui

pos d'expofer cette chimere fur le Tapis, pour faire naitre des foupçons, &
des animofités parmi les autres Puiffances contre la maifon d'*Autriche*, &
afin de demembrer peu à peu fes Etats,
pour parvenir tout de fuite à la monarchie

qui ait ambitioné d'aggrandir fes E-
tats par les armes, ou qui ait commencé des guerres dans le deffein d'augmenter fes domaines, & d'affoiblir fes
voifins. Des Hiftoriens, & Philogiftes
impartiaux, conrent parmi les prerogatives de la maifon d'*Autriche*, que
pendant tant de Siécles, on n'avoit
pas vû, qu'Elle eût engendré aucun
Tiran. Examinés *Giovanni*, *Germaniam Principem*. Lib I. cap. IV. page
357. Mais celui qui veut devenir grand
conquerant & monarque Univerfel,
il faut qu'il foit, fuivant les principes
du *Machiavelisme*, intriguant, faux,
impitoyable. Belliqueux, ambitieux,
& avide du fang humain, loin d'avoir
un penchant naturel à la paix, à la
droiture, à la Clemence, à la Candeur
& à la Juftice.

chie univerſelle de l'*Europe*, ſous le
compte d'un Autre, moyenant quoi
l'evenement n'a pas dementi, que *François*, & ſes Succeſſeurs vouloient rendre
ſuſpecte la Puiſſance de la maiſon d'*Autriche* & augmenter la leur, en inſi-
nuant cette terreur panique, afin d'a-
voir lieu de s'introduire dans les affaires
que les autres Puiſſances avoient avec la
maiſon d'*Autriche*, & de colorer cette in-
juſte & pitoyable raiſon d'Etat, „qu'il
„ falloit y obvier de bonne heure, &
„ ſecouer ce joug avant que l'*Europe* y
„ fut ſuccombée.„ (*k*) dans cette vuë,
&

_____

(*k*) L'incomparable Reſtaurateur, &
Docteur du droit naturel *Hugo Grotius* Lib. II, cap. I ver. 5 & 17. de Jure
bel. & P. Explique clairement que c'eſt
agir d'une maniere tout à fait contraire au droit naturel, que de vouloir
s'oppoſer les armes à la main à la Puiſſance qui va en augmentant, de crainte qu'Elle ne puiſſe nous nuire à l'a-
venir. *Illud vero minimé ferendum eſt,
quod quidam tradiderunt, jure gentium*
*ar-*

& fons ce pretexte, la *France* offrit fon alliance, & fa protection aux ennemis, & même aux Rebelles de la maifon d'*Autriche*, pour devenir elle même la maitreffe, fe fervant d'eux comme d'Inftrument, afin d'effectuer fon deffein caché de fe rendre maitre de l'*Europe*.

CHA-

*armare rectè fumi ad imminuendam potentiam crefcentem, quæ nimium aucta nocere poffet. Fateor, in confultationem de bello, & hoc venire, non fub ratione jufti, fed fub ratione utilis: ut fi ex aliâ causâ juftum fit bellum ex hâc causâ prudenter quoque fufceptum judicetur. Nec aliud dicunt, qui in hanc rem citantur autores. Sed ut vim pati poffe ad vim inferendam jus tribuat ab omni æquitatis ratione abhorret: ita vita humana eft, ut plena fecuritas nunquam nobis conftet. Adverfus incertos metus à divinâ Providentiâ, & ab innoxiâ cautione, non à vi prefidium petendum eft.* Cecy eft emplement expofé dans la remarque qu'en fait *Grotius*, Lib. II. cap. 22. p. 5. de J. Bel. & Public fon Imitateur & Emule *Samuel Puffendorff* divife les motifs

## CHAPITRE VI.

SOus l'ombre de ce principe artificiel, *Franços* entama la guerre avec l'Empereur, & voulut abfolument fe rendre maitre du Duché de *Milan*, fans preter Hommage au Souverain de l'*Empire*, il pourfuivit cette guerre bien des an-

tifs des guerre injuftes en ceux dont la mauvaife foi faute aux yeux, & en ceux qu'on peut colorer. Il compte, parmi ces derniers, la crainte qu'on a touchant l'agrandiffement d'une Puiffance, & les richeffes des voifins. *Injuftæ bellorum caufæ vel apertè tales funt, vel colorem aliquem licet dilutum admittunt; illæ ad duo potiffimum capita referuntur, avaritiam, & ambitionem feu habendi, & dominandi libidinem, hæ variæ funt; puta metus ex opibus & potentiâ vicini, utilitas jure deftituta, amor fedes meliores parandi, denegatio eorum, quæ ex fimplici aliquâ virtute debebantur, cupido extinguendi jus alterius legitimé quæfitum quod nobis paulo moleftius videtur.*

années, jusqu'à ce qu'il se laissa persuader par *Bonvet*, son Ministre, d'aller
en personne à *Milan*, l'an 1527. mais il
fut battu à platte couture prés de *Pavie*,
le jour de la naissance de l'Empereur, &
fait prisonier, aprés avoir voulu s'arreter quelque tems à *Pizzighitone*, on
l'emena à *Madrid*. Quoique l'Empereur

*detur. De Officio hominis & Civis Lib.
II. Cap.* 26. Mais pour faire voir que
les opinions sont partagées là dessus,
il demontre le Jugement de l'*Anti-
Machiavel* dans le dernier Chap. du
Tome II. Et si je ne me trompe, le
sieur *Wignefort* soutient le même ar-
gument. Si on parcourt les guerres que
la *France* a déclarées, à la maison d'*Autriche*, on trouvera par tout quantité
de raisons injustes, des Exemples, &
des Echantillons de cette nature. Le
Roi de *Sardaigne*, tout sage, magnanime, & grand qu'il est, à sçû trouver d'autres pretextes plausibles dans
son manifeste de 1733. pour pallier son
alliance injuste, sa Felonie & sa mauvaise

reur auroit pû obtenir une paix beaucoup plus avantageuse de l'Impatient
*François*, il fut assés magnanime pour ne
demander que la cession de ce que *François* possedoit injustement, savoir le
Duché de *Bourgogne* dont on avoit avec
injustice dépourvû la Grand Mere de l'
Empereur, & le Fief de *Milan* appartenant
à l'Empire & à l'Empereur depuis le
tems

vaise Foi, on avançant qu'il vouloit se
mettre à couvert de la Puissance redou-
table de la maison d'*Autriche*; mais
c'étoit plutôt pour contenter ses interêts; voicy ses propres termes.
„ Notre principal soin a toujours été
„ de conserver la paix à nos peuples,
„ même au prejusdice de nos propres
„ interets, & de notre maison Ro-
„ yale; & nous n'aurions pas laissé
„ de suivre une maxime aussi juste,
„ si l'excées de la Puissance où la mai-
„ son d'*Autriche* est montée, & dont
„ Elle abuse au prejudice de toute
„ l'*Europe*, en troublant son repos,
„ ne nous eut mis dans l'obligation de
nous

tems d'*Otto* I. *François* y acquiefça, foufcrit le tout, & y preta ferment. Le Chancellier *Gattinara*, & plufieurs autres confeillerent à l'Empereur de faire évacuer la *Bourgogne* avant de le mettre en Liberté; mais il ne voulu pas le retenir plus longtems, dans l'efperance que cette action genereufe engageroit *François* à tenir au moins fon Traité, qu'il avoit

,, nous lier avec la *France* fuivant,
,, qu'il nous convient de le faire, afin
,, de le retablir par un plus jufte équi-
,, libre. ,, Le Baron de *Lifola* fait des reflexions fages & falutaires fur cette monarchie vifionaire attribuée aux *Autrichiens*, & forgée par les *François*, dans fon Bouclier d'Etat & de Juftice. p. 196. & fes pensées font fi belles, que je ne puis m'empecher d'en faire l'extrait. Depuis que la Providence divine a voulu élever l'augufte maifon d'*Autriche* à ce haut point de Grandeur, qui a éblouit les yeux de l'envie. On a vû naitre dans le cœur de la *France* les funeftes femences de cette injufte

avoit foufcrit de fa propre main, &
confirmé par fon ferment; Mais tout au
contraire *François* fe rejouit d'avoir cette
D

occa-

injufte émulation, qui a produit depuis tant d'années tous les malheurs
& les Troubles de la *Chretienté.* Le
principal but des *François* a été de repandre cette injufte jaloufie, & de re-
prefenter comme une maladie conta-
gieufe aux autres Princes, la puiffance de la maifon d'*Autriche*, & comme
un fpeƈtre affreux, qui étoient prêt à
les engloutir : en fe reprefentant eux
mêmes comme les feuls *Perfés*, qui
pouvoient delivrer l'*Europe* en chai-
née par la fureur de ce monftre chimerique, dont ils l'avoient voulu é-
pouventer vainement. Mais l'experience a fait voir qu'ils ne rendoient
fufpeƈt la Puiffance de la maifon d'*Au-*
*triche*, que pour élever la leur, qu'ils
ne la craignoient, que pour fe rendre
neceffaires aux autres Princes, qu'ils ne
leur offroient leur proteƈtion, que
pour devenir leurs maitres, & les
faire fervir d'Inftruments pour par-
.venir

occasion pour abuser de la generosité
de l'Empeur, & il tint pour un coup
d'Etat de pouvoir violer sa Foi & la
vali-

venir à leur but. Plusieurs ont donné dans ce piége, & pour vouloir éviter un malheur immaginaire, ils sont
tombé dans un veritable precipice : &
leur ruse réussit si bien, qu'une partie
de l'*Europe* se gendarma contre la valeur & la bonne fortune de *Charles* V.
& contre la sagesse profonde de son
Successeur : & toute cette émotion a
été fondée sur un seul principe d'Etat,
que les Ecrivains *François* ont établi
avec un Empressement extraordinaire,
& sur lequel le Duc de *Rohan* a fait
rouler tout son Traité de l'interêt de
Princes. ,, Qu'il y a deux Puissances
,, dans la *Chretienté*, qui sont comme
,, les deux Poles, desquelles émanent
,, les Influences de paix & de guerre
,, sur les autres Etats; ,, & d'où il
tire cette maxime, pour regler la conduite de tous les autres Princes, dont
le principal interêt est de tenir une
balance si égale entre ces deux grandes

validité de ſes ſermens; & fut à peine
arrivè à *Paris*, qu'il declara de ne tenir
à la maiſon d'*Autriche*, que ce qu'il pro-
met-

des monarchies, que l'une, ſoit par
les armes, ou par ſes negociations,
ne vienne jamais au point de préva-
loir notablement, & que dans cet é-
quilibre conſiſte uniquement le repos
& la ſureté de tous les autres: Quoiqu'il applique trés mal cette maxime
à l'uſage de la *France* en particulier,
& s'en ſert avec artifice comme d'un
faux pretexte, pour attirer tous les autres Potentats dans les Filets de la
*France*, elle ne laiſſeroit cependant
pas d'être ſalutaire, en elle même, ſi
elle avoit été pratiquée avec toute la
vigeur & la Prudence requiſe pour la
rendre utile : L'*Europe* jouiroit aujourd'hui d'une parfaite tranquilité;
mais pluſieurs ſe ſont mépris par une
fauſſe ſuppoſition, que la Puiſſance &
les deſſeins de l'*Eſpagne* étoient plus
redoutables, que ceux de la *France*,
& que par cette même raiſon d'Etat,
ils étoient obligés de mettre le contre
poids du côté de ce dernier.

mettoit dans .fon chateau fraichement bâti, qu'il nomma *Madrid* par Ironie (*l*) aulieu de temoigner la reconnoiffance

(*l*) La *France* a été fi peu fcrupuleufe en fait de fermens, qu'elle ne les a pas tenus, même à fes propres fujets, *Louis* XIV. nous en donne un Exemple autentique, car malgré le ferment qu'il prêta le jour de fon Couronnement, il perfecutoit cruellement les *Uguenots*, & fut par là l'Auteur d'une infinité de maux, en affoibliffant fes Etats, & en augmentant le pouvoir des autres Puiffances, par le grand nombre des *Réfugiés*.   Combien de Traités n'ont-ils pas été rompus, prés qu'auffitôt que conclus? *François* profitoit on ne peut pas mieux des principes du Pape *Alexandre* VI. de ceux de fon fils, le Duc de *Valence*, & pas moins de ceux du Roi *Ferdinand* de *Caftille*, & d'*Arragon*, en tant qu'il avoit bien juré une fois, mais pas une feconde, d'obférver & tenir fa promeffe & fon premier ferment. Belle Reftriction mentale! L'Epoufe de *Louis* XIV. n'a-
voit-

fance qu'il devoit, il excita le Pape,
*Venife*, *l'Angleterre*, la *Suiffe*, les *Florentins*,
& d'autres Etats contre l'Empereur, &

D 3                    extor-

voit · elle pas renoncé folemnellement
à toute Succeffion? n'en avoit-elle pas
fait un ferment d'affurence? non obftant cela fon Epoux l'en difpenfa, &
chercha à anéantir ces conventions dés
la mort de *Philippe* IV. & de *Charles* II.
Les *François* ne fe jouënt-ils pas de
Dieu & des hommes? n'ont · ils pas
pratiqué en tout tems, & en maitres
experimentés les maximes de *Lifandre*,
& de *Philippe* de *Macedoine*, favoir
qu'on amufe les Enfans avec des chofes à leur portée, comme avec des dez,
& des noifettes, mais les gens d'une
âge plus avancés par des faux ferment.
Maxime qu'ils ont parfaitement incul-
quée à leurs Alliés, & dont nous en
voyons encore parfaitement bien les
traces. Enfin les *François* n'ont jamais tenu plus religieufement leur ferment qu'aux *Turs*, & qu'ils leur ont
juré dans le deffein d'exterminer la
maifon d'*Autriche*. *Trojan Boccalini*,
quoi-

extorqua une paix à laquelle l'Empereur
se porta d'autant plus volontiers, que
le Sultan *Soliman* avoit conquis, dans
cette

quoique grand partifant *François*, dit
lui même dans fa *Balance Politique*, part.
1. p. 140 que *François* n'avoit pas d'autres raifons pour prendre les armes
contre *Charles*, que celles de ne vouloir pas accomplir les articles de paix
qu'il avoit juré d'obferver. *Francefco
Primo quel tanto compito Ré di Francia,
che feppe haver nel'unghie* Carolo *Senza
ritenerlo, non trovò altra fcufa per legi-
timar le fue moffe contra* Cefare, *fe non
che fi fentiva in obligo di mantener le fue
promeffe giurate in prigione* à Carolo. Et
p. 142 *Boccalini* fait ainfi parler les *François; fe vuoi ch'io giuri di rendere la* Borgogna, *mi furai effer fpergiuro, con a-
nimo di nulla offervare e di muoveti guer-
ra quanto prima mi fara conceffo,* y ajoutant ce notable *Epiphoneme. Queflo era
un parlar da galant huomo, & da
buon France|ce,* ne disculpant ce pro-
cedé déloyal, qu'en difant, qu'il avoit
eû à faire avec un *Allemand*, comme

I

cette même année, presque toute la
*Hongrie*, & qu'il avoit assiegé la Capitale
d'*Autriche* avec une Armée de plus de
300. mille hommes; Or si les *Turcs* a-
voient emporté cette ville, & si leur
torrent n'eut pas été arreté par la valeur
de l'Empereur, ils auroient non seulement innondé l'*Allemagne*, mais encore toute la chrétienté. Pour cette raison l'Empereur, prevoyant, chretient,
integre, & plein de compassion, regarda
comme une chose raisonnable de se depouiller de tout interêt particulier, en
faveur de celui du public, & de se prêter
plutôt aux representations des Puissances

D 4 *Chre-*

si c'étoit un point fixe, que les *Fran-*
*çois* ne devroient tenir aux *Allemands*,
ni parole, ni foi. `Mà bavendo à trat-*
*tur con quel Tedesco Spagnolizzato di*
Carlo *fù constretto* Francesco *a mutare*
*discorso, e premettere con tutte le piu*
*ample forme, e coll'ostragio de figlioli*
*la restituzione della* Borgogna, *e la*
*Cessione delle sue antiche* e nuove ragioni
*sopra* Napoli, Fiandra *e* Milano.

*Chretiennes*, que d'abandonner toute la
*Chretienté* en proye à ces Infidelles.

## CHAPITRE VII.

En 1535, lorsque l'Empereur *Charles*, par une heureuse expedition
en *Afrique* remporta la victoire sur les
*Turcs*, dont le but étoit de ruiner de
fond en comble le commerce des *Chretiens* par leurs Pirateries. Le Roi trés
*Chretien* se crut en droit de ranimer le
courage des Infidelles, & de detourner
le dessein salutaire de l'Empereur pour
en empecher l'execution, par le fer, &
le feu. *Milan*, auquel il avoit renoncé
tant de fois, fut encore, pour ainsi dire, la pomme de discorde. Le Duc de
*Savoye* ne s'y voulut pas prêter d'abord,
& hesita de laisser à l'abandon ses Forteresses & ses Troupes, & c'est pourquoi *François* chercha le moyen de former aussi une pretention sur ses Etats,
pour combiner la *Savoye*, le *Milanois*, &
le *Piemont*, & s'asservir le reste de l'*Italie*.

lie, *François* sachant la force & l'impe-
tuosité avec lesquelles *Soliman*, Empereur *Turc* s'opiniatroit depuis quelques
années à troubler la maison d'*Autriche*,
& pour animer encore plus cet ennemi
naturel des *Chrétiens*, il se ligua avec lui
de la maniere du monde la plus inouïe
& la plus autentique; & affermit ce parti par par un serment des plus singu-
liers, & des plus horribles, & dont le
formulaire venoit de lui être prescrit
par les *Turcs* mêmes ( *m* ) & que je me
D 5
gar-

( *m* ) Le Formulaire de ce terrible ferment se trouve dans le dictionnaire
historique & critique de M. *Bayle* dans
la Note g ᴀ. On a observé, que les
*François* loin d'en avoir honte, se sont
pretés à la demande des *Mahometans*,
& pour preuve de leur grande liaison
avec eux, ils ont fait battre pendant
un tems sur leurs monoyes & dans leur
armes royales un croissant, qui sont
les armes des *Turcs*, n'est - ce pas la
chercher l'honneur dans le des honneur? dans le Siécle où nous vivons
on

garderai bien d'inferer icy par le refpeɛt
& la retenue qui font dûs aux *Chretiens*.
Il excita en même tems le cruel Pirate
*Mahometant*, *Haradin Barbaroffa* à allarmer, à faccager, & à ravager les côtes
d'*Efpagne*, & d'*Italie*. Combien de mil-
liers d'hommes ne font-ils pas tombés
dans l'Efclavage dans cette rencontre?
Enfin *Louis* fit jouer tous les refforts pendant le cours de cette guerre, pour faire
une playe profonde à la maifon d'*Autri-*
*che*; mais la Providence, qui veille fans
ceffe fur cette augufte maifon, fit échouer fes projets, de forte, que le Roi fut
forcé à une Trêve de 10. ans, à laquelle *il* confentit d'autant plus facilement,
qu'il

on à Conclut un Traité particulier
à *Bender*, en 1712. par lequel on peut
juger de la grande intelligence qui
regne entre la Cour de la Porte &
celle de *France*. Voyés l'Hiftoire de
*Lumiere* Livre X. p. 338. & 339. fous
le Regne de *Charles* XII. Roi de
*Suede*.

qu'il la regardoit comme une occasion pour recommencer ses intrigues. (*n*)

## CHAPITRE VIII.

LEs sentimens de l'Empereur Charles V. étoient tous differens; quoiqu'il savoit fort bien distinguer le bien
d'avec le mal, * il se servoit souvent des
termes suivans, *a sé de hombre de Bien.*

Il se

(*n*) Le prudent *Samuel* de *Puffendorff*
a déja remarqué, que la *France* se sert
de la paix comme d'un moyen propre pour se mettre en Etat de pour
suivre plus vigoureusement aprés la
guerre. Voicy un Extrait *in rebus
Friderici Guillielmi pag.* 539. Gallia
*quiete sua ad melius dirigendas domi res
utitur, ut eo terribilior deinceps* Hispa-
nis, *aliisque vicinis ingruerere possit.*

* Et on trouvera dans l'Histoire, qu'il
a même pris le parti de ceux qu'il
comptoit au nombre des Heretiques,
car lorsqu'on lui conseilla de se sai-
sir

Il se fia du moins en des choses in-
différentes à la droiture de son ennemi
reconcilié, quoique celui-cy lui a voulu souvent fasciner les yeux: Or comme la ville de *Gand*, dans les *Pais-Bas*
se souleva en 1539. & que l'Empereur
croyoit, que sa présence suffiroit pour
faire rentrer cette ville mutinée dans son
de-

sir de *Luther* pour le faire mourir,
sans avoir égard aux Saufs-Conduits,
sous pretéxte qu'il étoit d'une Secte
à laquelle on ne devoit pas garder
la bonne foi; il repondit, qu'ùn Empereur devoit tenir sa parolle; même aux Heretiques.   Je ne raporte
cecy, que pour ceux qui osent soutenir le contraire, disant de lui, qu'il
parloit autrement qu'il ne pensoit.
Il étoit seulement selon l'Ecriture
Sainte, prudent comme le serpent, &
sincère comme la colombe, aussi la
reponse équivoque qu'il fit en *France*,
montre au long, qu'il n'eut jamais recours à ces sortes de subterfuges, que
dans les affaires les plus scabreuses, &
la *France* ne peut le blamer à juste titre
pour avoir manqué à sa parolle.

devoir, fans être obligé de repandre du fang, il demanda à *François*, pour fa perfonne, un Libre paffage par la *France*. Demande qui lui fut accordée de bonne grace, le Roi offrant même d'envoyer fes deux Fils en ôtages en *Efpagne*, ce que l'Empereur magnanime dédaigna, mais à peine fut-il à *Paris*, qu'on delibera fur la Captivité. Le refultat n'auroit pas manqué d'etre executé, fi l'Empereur n'en eût pas été averti à tems, & s'il n'avoit pas tâché en profitant de l'occafion favorable, de le contre carrér par fes largeffes, & fur tout par une liberalité qu'il fit à la maitreffe du Roi, en laiffant tomber une bague d'un grand paix, que celle-cy relevava, & lui prefenta, mais qu'il fe garda bien de repandre, la priant de l'accepter, & de la garder. Et la reponfe ambigue qu'il fit touchant *Milan* : difant *ce que mon Frere veut, je le veux auffi*, n'y contribua pas peu; mais auffitôt aprés que cette efperence fut évanouïe, & que l'Empereur fut hors de prife on regretta

gretta non feulement de ne pas l'avoir
arreté, en agiffant contre tous les Traités de paix, contre toutes les promeffes
& les affurances, & fans avoir aucune
raifon plaufible, mais on fit encore mauvaife mine à ceux qui avoient défaprou-
vé une action fi indigne, & fur tout au
Connêtable de *Montmorency.* Enfin les
*François* ne pouvant plus remedier à cela, ils pronerent l'omiffion de cette Captivité comme une grande magnanimi-
té & generofité de leur part, quoique
l'idée feule qui en refte doit faire fremir
d'horreur tous les honnêtes gens: &
tous ceux du caractére de *François*, qui
fe gardoient de faire du mal, ne pouvant faire autrement, les *François* mêmes étoient les premiers à les regarder
déja comme ayant fait quelque chofe de
bien.

## CHAPITRE IX.

IL paroiffoit impoffible à *François* d'a-
gir de cette façon à l'égard de la maifon

son d'*Autriche*, & voyant, contre son
attente, que cette occasion lui échap-
poit, il en saisit bien tot une autre : car
ayant appris, que l'Empeureur *Charles*,
Protecteur de la *Chretienté* vouloit pur-
ger la mer des Corsaires, avoit manqué
dans cette entreprise, non pas par la
resistance, ou bravour des ennemis;
mais par une tempête terrible, qui fit
perir la plus part des vaisseaux, & une
bonne partie des meilleures Troupes
de son armée (o) Ces Circonstances
s'em-

(o) Les *François* furent si joyeux de
cet accident funeste, arrivé à l'Empereur, & du bonheur des *Maures*, qu'ils
composerent une grande quantité d'E-
crits, & de stances diffamatoires, au
moyen de quoi ils s'insinuer extraor-
dinairement bien au prés de *François*.
Leur compatriote *Brantome* n'en peut
pas même disconvenir, & quoiqu'il ne
critique pas les pointes, & les perspi-
cacités de leurs Satyres, il ne l'aisse
pas d'en détester le contenu. Lisés
les Memoires des hommes illustres
Etran-

s'embloient préfager l'attaque de l'Empereur pour mettre les Infidelles en état d'attaquer les *Chretiens* quand bon leur auroit femblé. Il ofa encore avancer, que le Gouverneur de *Milan*, Marquis de *Quaft*, avoit fait affaffiner *Cæfar Fregois*, & *Antoine Ricco*, deux de fes Ambaffadeurs envoyés à *Conftantinople*, en paffant par *Milan*, & par *Venife*, pour ratifier les Traités concertés, & pour mettre la derniere main à fes funeftes deffeins contre la maifon d'*Autriche:* mais cette accufation ayant été, pour ainfi dire, comme tirée par les cheveux, *François* ne pût jamais la prouver, & de laquelle le Marquis de *Quaft* fe juftifia entierement, en manifeftant fon innocence aux yeux de tout le monde, &
la

Etrangers part. 1. pag. 57. Les *François* ravis à lors d'un tel defaftre en firent des Rimes en formé de dixaine par mocquerie. Ces rimes auroient été bonnes, fi elles n'avoient pas touché le mal du *Chretien*, & le bien de l'Infidelle.

la fauſſeté des imputations des *François*
par un Ecrit des plus ſolides, & des
plus autentiques. Mais cela fit ſi peu
d'impreſſion ſur l'eſprit de *François*,
qu'il ſollicita le Duc *Guillaume* de *Cleves*
à faire une incurſion en *Brabant*, & excita le Corſaire *Sarracin Barbaroſſa*, à
faire des domages irreparables, en de-
ſolant les côtes de la *Calabre*, & il envoya le Duc d'*Orleans* pour aſſaillir *Luxembourg* & autres Places, & ordonna
à ſon fils d'envahir l'*Eſpagne*, afin d'em-
baraſſer l'Empereur de tous côtés dans
un tems où il s'y attendoit le moins.
Outre cela il crût, que le mariage con-
clû entre *Henry*. VIII. d'*Angleterre*, &
*Catherine*, Tante de l'Empereur, pourroit être auſſi avantageux à ce dernier,
que nuiſibles aux diſpoſitions des *François*, à cauſe de la proche parenté de la
maiſon d'*Autriche*. Ayant donc appris
que le Roi de la *Grande Bretagne* cherchoit à ſe delivrer de ſon Epouſe, il regarda cecy comme une occaſion favorable pour fomenter la mesintelligence,

E &

& pour aigrir de plus en plus le R(
contre la Reine, en lui suggerant tou
les jours de nouveaux scrupules; quoi
qu'il savoit que *Henry* n'en avoit pa
trop à l'égard de ses Epouses.    Noi
obstant tout cela il ordonna à toutes le
Facultés de la *France*, que *Henry* avoi
consultées, de consentir à ce divorse.
*François* se promettant d'entirer un dou-
ble avantage.    En premier lieu de cha-
griner la maison d'*Autriche*, en second
lieu de rompre l'Alliance avec cette maison & l'*Angleterre*, pour assouvir sa haine implacable contre ces deux Royaumes, & se joindre plus facilement avec
l'*Angleterre* pour tâcher d'opprimer l'-
Empereur: Il se donna donc tous les
mouvemens imaginables pour attirer le
Roi d'*Angleterre* dans sa confederation,
afin de lui faire prendre part dans la derniere guerre commencée contre l'Empereur conjointement avec les *Turcs*.
Mais pour cette fois-cy il se trompa dans
son calcul. (*p*) *Henry* se fit un scrupule
d'en-

(*p*) Tel est le sort des affaires les plus
serieu-

d'entrer dans cette Ligue indigne d'un *Chretien*, & fit connoitre les pernicieux desseins des *François*, & pour ne pas offenser l'Empereur, il garda au dedans de lui même le ressentiment qu'il eût de la repudiation de sa Tante. De sorte que *Henry* entra par dessus le marché en liaison avec l'Empereur contre la *France*, & cette expedition réussit si bien que les Puissances combinés auroient pû humilier *François*, si la maison d'*Autriche* n'avoit pas été portée d'inclinations à préferer les douceurs de la paix à la destruction des Païs d'Autrui, & à l'esperance de faire des conquêtes, pour ruiner ses voisins. Et cette generosité de la maison d'*Autriche* fut causé que *François* obtint facilement une paix

E 2                    avan-

serieuses de ce monde, la Providence se rit de la sagesse & de la Grandeur des hommes. Les causes frivoles, & quelques fois ridicules changent souvent la Fortune des Etats, & des Monarchies entières. pag. 137. Tom. 2. Edit. 3. de l'*Anti Machiavel*.

avantageufe de la part de l'Empereur, qui fut concluë à *Crepy* en *Valois*, en 1544. *François* obferva ce Traité de-paix jusques à fa mort ; mais feulement en gros, & non pas fans le violer par un nombre infini d'intrigues, auxquelles la maifon d'*Autriche* ne voulut pas faire attentions pour refter en paix. On peut voir par l'abregé que nous venons d'expofer, que la *France* a continué pendant prés de 30. ans depuis l'Election Imperiale jusques à la mort de *François*, à chicaner, par toutes fortes de rufes, & de finefles la maifon d'*Autriche*, dont *Charles* V. étoit le Chef. & qu'Elle a conclut, & confirmé par ferment en differens tems quatre Traités de paix, un à *Cambray*, un autre à *Madrid*, le troifiéme à *Nizza*, & le quatriéme à *Crepy* ; mais qu'Elle ne les a obfervé qu'autant qu'Elle s'y trouvoit forcée, & qu'Elle a rompu éffrontement lorsque l'occafion s'en prefentoit.

CHA-

## CHAPITRE X.

FRançois étant au lit de la mort (*q*) eût grand soin de recommander, avant de mourir, à son fils & Successeur *Henry* II. de conserver sa haine envenimée contre la maison d'*Autriche*, ayant même déja donné les ordres pour une nouvelle rupture. *Henry*, qui observoit plus ponctuellement les commandemens de son Pere, que ceux de Dieu même, bien loin de continuer la paix, il prit le parti de la guerre. Et dans le tems que l'Empereur étoit engagé en 1551. avec les *Turcs*, *Henry* renou-

E 3 vella

(*q*) *Trajan Boccalini* remarque fort bien dans son *Pierre del Paragono politico*, où il parle toujours en faveur des *François*, page 78. que les Rois de *France Louis* XII. & *François* I. avoient immolé à leur ambition & violence un demi Million d'hommes dont ils servoient obligés de rendre un compte exact à Dieu.

vella les maudits Traités avec l'ennemi
juré & hereditaire des *Chretiens*, & attaqua l'Empereur dans les *Pais Bas*, & en
*Italie*, l'obligeant par là à diviser ses forces. Mais l'Invasion desdits Païs hereditaires de la maison d'*Autriche* lui paroif-
soient encore trop peu de chose, pour
assouvir son avidité, c'est pourquoi il
chercha les moyens d'exciter une guerre d'angereuse en *Allemagne*, aussitôt
qu'il eût appris que plusieurs Princes
formidables y étoient mécontens, & se
mefioient de l'Empereur, par raport à
la conservation de leur Grandeur, il tâcha de maintenir & d'augmenter ce
soupçon, en leur persuadant toujours
que la maison d'*Autriche* ne tendoit qu'à
la monarchie universelle, & pendant
que cette Auguste maison étoit allarmée
à cause de cette mefiance qu'on avoit
suscitée contre-Elle en *Allemagne, Henry*
fit une Irruption inopinée sur le *Rhin*
en 1552. faisant semblant de n'avoir en
vuë, que le bien de l'Empire, & traitant de pures Calomniateurs ceux qui
l'accu-

l'accufoient de vouloir y faire des Conquêtes. Sous ce pretexte, & en vertu
de ces proteftations réiterées, il demanda qu'on lui accordât un libre paffage
pour lui, & pour fa Garde par *Metz*,
alors ville d'Empire trés bien fortifiée,
mais il furprit cette ville trop crédule,
dont il fit tailler en pieces les fentinelles
*Toule* & *Verdun* fubirent le même fort,
& *Strasbourg* n'en auroit pas été exem-
pte, fi elle n'avoit pas decouvert à tems
fes pernicieux deffeins. Depuis tout ce
tems là la *France* a gardé ces trois Evê-
chés. Preuve certaine, qu'elle ne s'applique qu'à fes interêts particuliers, au
defavantage de ceux auxquels elle offre
fon fecours, & pour preuve de cecy,
c'eft que *Henry* ne voulut jamais rendre
aucuns de ces païs, injuftement conquis, au Traité de paix qu'on conclut
à *Vaufelles*, en 1556. (r)

E 4                           CHA-

(r) Nous ne trouvons pas d'autre conduite dans ce tems cy, & je m'en raporte à l'*Anti-Machiavel*, Tom. II. p.
37.

# CHAPITRE XI.

CEtte nouvelle paix, quoique fi a-
vantageufe à la *France*, fut à peine
ratifiée, que le Roi *Henry* chercha à la
rom-

37. Une certaine Puiffance en dernier lieu a declaré dans un manifefte
les raifons de fa conduite, & à agit en
fuite d'une manière directement op-
pofée; j'avoüe, que des Traits auffi
frapans, que ceux là font perdre toute
confiance, car plus la contradiction
eft prochaine, plus auffi elle paroit
groffiere, & page 202. Tom. I. La
guerre de 1734. que la *France* commença, fous pretexte de foutenir les
droits de ce Roi de *Pologne*, toujours
élû, & toujours detroné, fut faire par
les *François*, & les *Efpagnols* joins
avec les Savoyards. Lorsqu'on examine la conduite de la *France* depuis
la mort de *Charles* VI. on ne voit qu'un
énchainement de fraudes, qui devroit
engager toutes les Puiffances de l'*Europe* à être continuellement fur leurs
gardes, & à fe méfier des intrigues &
menées de la *France*.

rompre de nouveau, croyant y réuſſir d'autant plus facilement, que l'Empereur venoit de reſigner l'Empire en faveur de ſon frere, & de ceder le Gouvernement d'*Eſpagne* à ſon fils le Roi *Philippe*, ce qui par conſequent diviſoit conſiderablement les forces *Autrichiennes*. *Charles* V. n'auroit jamais quitté tant de grandeurs, s'il avoit ſongé à s'ériger en monarque univerſel. L'union de l'Empire *Allemand* avec les Etats hereditaires de la maiſon d'*Autriche* étoit abſolument neceſſaire pour ce grand coup. Il avoit déja cedé en 1521. de ſon propre mouvement ces derniers Etats à ſon frere *Ferdinand*, en lui épargnant bien des frais, & des peines, en lui frayant un chemin facile pour parvenir à la dignité Imperiale, & en le faiſant Couronner Roi des *Romains*, en 1532. (s) Lorſ-

E 5                          que

(s) On ſait bien que dans ce tems là *Philippe* n'étoit pas encore né; mais auſſi l'abdication de la Monarchie *Eſpagnole*, que Charles ſemblable à *Salomon*,

que cette fperance fut parvenuë à fa maturité, & que l'*Efpagne* fut detachée de
l'Empire, *Henry* fe fervi de ces circonftances pour attaquer la Branche *Autri-*
*chienne* d'*Efpagne* en la perfonne de *Phi-*
*lippe*, nouveau regnant : il marcha avec
une nombreufe armée en *Italie* pour
s'emparer du Duché de *Milan*, morceau
delicat pour la convoitife *Françoife*, afin
d'en dépouiller la maifon d'*Autriche*, qui
le poffedoit par droit feudal, auffi bien
que tous les autres Etats qui lui étoient
tombés en partage, en partie par droit
de Succeffion, ou par la voye des armes,
*per fœdera pacis toties ftabilito, & corrobo-*
*rato*, efperant de faire le maitre en
*Italie.* *Philibert Emanuel*, Duc de *Sa-*
*voye*

*lomon*, traitoit de Vanité, regardant
la Grandeur & les Faftes de ce monde
comme un *Grand Rien*, & peut être
qu'il a tiré ces fentimens de l'Anti-
Machiavel, Tom. I. Chap. 14. p. 225.
,, Plus il aura reflechi, plus il aura fait
,, de belles & utiles actions, plus il
,, aura vecû. ,,

*voye* (*t*) ne voulut pas tomber dans le piége que lui tendoient les *François*, ni empiéter sui les droits de la maison d'*Autriche* : raison frivole pour l'exposer au bord du précipice, & pour le depouiller de ses Etats. Mais quoique la maison d'*Autriche* regardoit tous ces desseins comme pernicieux & accablans. La divine Providence les fit évanoüir par la bravour, & le courage de *Philippe*: de maniere que la *France* se vit exposée au dernier danger, & à être totalement ruinée, si la maison d'*Autriche* n'avoit pas pris plus de plaisir à procurer la paix à ses sûjets & à soutenir, & même à retablir les Princes in fortunés, qu'à voir la decadance & la perte de ses ennemis. *Philippe* poussa sa grandeur d'ame ;

_____

(*t*) Le Baron de *Lisola* dit, „que pour „ observer la paix avec les *François*, „ il faut leur tout donner, & que „ pour satisfaire à leur Alliance, on „ est obligé de les aider à tout enva-„ hir. „ Boucl. d'Etat, & de Just. Art. I. pag. 15.

me; jusques au point de se contenter
seulement de recouvrir quelques villes
dont la France s'étoit injustement empa-
rées, & de retablir l'errant Duc de Savoye dans ses Etats. (*u*) Aprés cette
paix la *France* envisagea, que depuis
plus de 150. ans qu'Elle avoit poussé
la guerre en *Italie*, elle n'en avoit pas
tiré le moindre profit, mais au contraire des grands domages, de la honte,
& des maledictions; Elle revint aussi de
son aveuglement touchant ses Traités
d'Alliance avec les *Turcs*, dont les desseins ont toujours été iniques, & infru-
ctueux. Ce que les *François* ont éprou-
vés

(*u*) On ne trouvera pas dans toute l'Histoire, que la maison d'*Autriche* ait
attaqué la premiere les Ducs de *Savoye*,
ou les ait chassés de leurs Etats; au
contraire en y trouve bien des Exemples qu'Elle les a defendus, & reta-
blis dans leurs païs hereditaires, que
la *France* leur avoit comme arrachés,
& dont la maison d'*Autriche* n'a été
payée que d'ingratitude.

vés pendant prés de 50. ans par leurs pertes confiderables. Auffi prirent-ils àlors la refolution de ne plus fe fourrer dans les affaires d'*Italie*, & de rompre ces chers Liens avec les Infidelles, ce qu'ils firent jusques à ce qu'ils eurent trouvé de nouveaux moyens de contenter leur avidité & leur haine implacable contre la maifon d'*Autriche*, & dont on rendra des temoignages furprenans dans ce qui fuit.

## CHAPITRE XII.

LEs Succeffeurs de *Henry* II. de *François* II. de *Charles* IX. & de *Henry* III. avoient les mêmes fentimens, & la même intention: mais ils n'eurent ni le pouvoir, ni l'occafion de nuire à la maifon d'*Autriche*. Et les *Hugenots* cauferent tant de troubles en *France* pendant prés de 40. ans, qu'à peine pût Elle fonger aux affaires étrangers. La cupidité qu'avoit la Reine mere *Catherine* de *Medicis* de regner, les huit differentes

tes guerres des *Huguenots*, les no: s
fanglantes de la St. *Barthelemi* arrivées à
*Paris* le 24. d'*Aouft* en 1572. par le foup-
çon des Regens, par l'emulation des
principales maifons, & par les factions
de ceux de la lie du peuple, avoient
tellement divifé, abattu & affoibli la
*France*, qu'il auroit été fort facile à la
maifon d'*Autriche*, pendant tous ces
troubles, de fe venger des offenfes qu'Elle en avoit fi fouvent reçû, & Elle auroit auffi pû fe fervir de cette occafion
favorable pour agir contre la *France* (*v*)
en fourniffant aux *Huguenots* les moyens
d'entre-

(*v*) Le Comte d'*Egmont* voyageant
dans ce tems là par la *France* pour aller en *Efpagne*, vit les angoifes des
*François*, & que plufieurs Seigneurs,
grands, puiffans, & mécontens de la
Cour s'adreffoient à lui. Il confeilla
à fon Roi *Philippe* II. d'attaquer la
*France*, comme étant pour ainfi dire
l'heure du Berger, lui promettant foi
d'honnête homme de lui livrer les villes frontieres de ce Royaume, ajoutant,

d'entretenir leurs Revoltes, à force de Conseils, de largesses, & autres voyes: ainsi

tant, qu'il pouvoit surement y compter. Il allegua pour raison d'Etat, que c'étoit le vrai moyen de terminer les émeutes des *Pais-Bas*, en leur attirant des affaires étrangeres sur les bras, de maniere que ceux des *Pais-Bas* n'avoient qu'à se heutter la tête contre les *François* leurs Ennemis. Mais le Roi en couroux l'envoya promener, lui disant „Comte ne me parlés plus „ de cela, car j'aimerois mieux per„ dre toute la *Flandres*, que de rom„ pre si indignement la Foi que j'ai „ donnée au Roi trés *Chretien*, mon „ beau frere, & tant jeune qu'il soit. „ *Brantome* fait une juste reflexion sur cette reponse magnanime : disant, „ par une Telle reponse du Roi d'*Es*„ *pagne* pouvons nous reconnoitre, „ s'il a été notre si cruel ennemi, ainsi „ que quelques particuliers *François* „ l'ont tant crié mal à propos. „ On peut voir cette remarque dans les memoires des Hommes illustres Etrangers. Part. II. page 90.

ainfi que la *France* en avoit agi avec ceux
des *Pais-Bas*, & fi Elle avoit voulu parvenir à la Monarchie de l'*Europe* en ab-
aiffant les autres Puiffances. La *France*
étoient en trés mauvaife odeur parmi
tous les *Proteftans*, & même en diverfes
Cours *Catholiques*, par raport aux maf-
facres de la Journée de St. *Barthelemy*,
arrivé à *Paris* (*w*) Et fi ces même *Proteftans* & ces Cours *Catholiques* ne s'étoient
pas prêtés pour opprimer la *France*, ils
ne l'auroient eû guére protegé contre
la

(*w*) Le mecontentement & l'horreur
que l'Empereur *Maximilien* II. reffentit, de cette tragique journée fe manifefte par une Lettre de fa propre
main, qu'il écrivit à fon General *La-
zari de Schwendi* de *Vienne* le 22. Febr.
en 1574. dans laquelle il fe fert des
expreffions remarquables qui fuivent.
,, Je ne faurois loüer l'action que les
,, *François* ont tiranniquement com-
,, mife, contre l'amiral & les fiens, &
,, j'ai appris avec un grand chagrin,
,, que mon beau fils a confenti à un
tel

la maison d'*Autriche*; mais celle - cy ne
voulut pas tout à fait abattre cet ennemi affoibli, ni augmenter sa fortune par
F

ses

" tel massacre. Plut à Dieu qu'il eut
" demandé mon avis, je l'en aurois
" dissuadé de mon mieux, & en Pere;
" mon conseil auroit été bien different.
" Mon beau fils a par cette action tel-
" lement terni sa reputation, qu'il
" ne pourra jamais éffacer cette tache.
" Dieu veuille pardonner ceux qui en
" sont les Auteurs. Ces Fanatiques de-
" vroient avoir vû, & appris depuis
" tant d'années, que les assassins ti-
" ranniques, & les Incendiaires ne
" peuplent guére le Ciel; au reste je
" ne puis approuver ni applaudir ce-
" cy, sans devenir un furieux, & un
" insensé; c'est pourquoi je prierai
" Dieu de m'en garantir. Que la
" *France* fasse ce que bon lui semble-
" ra, elle sera obligée d'en repondre
" devant Dieu, ce Juste Juge. Quant
" à moi je suis resolu d'agir honnete-
" ment, en *Chretien*, avec candeur,
" & probité. " On trouve cette Let-

tre

ſes debris, ainſi elle n'entra pas dans aucun de ces troubles interieurs, elle n'y engagea perſonne, & ne lui fit pas la

tre dans *Goldaſti* Reichs-Satzungen part. 8. num. 30. L'ingenu Hiſtorien, & Preſident du Parlement de *Paris*, *Chriſtophe de Thuane* ne ſe peut retenir, en racontant cette horrible Scêne, ni cacher ce ſoupir.

*Excidat illa dies ævo, ne poſtera*
*credant*
*Secula! Nos certé taceamus, &*
*obruta Multa*
*Noſe tegi propria patiamur crimi-*
*na gentis.*

Je communiquerai icy au public l'extrait de quelques Lettres de *Chriſtine*, Reine de *Suéde*, qui n'ont jamais été imprimées, & qui prouveront que la perſecution contre les *Huguenots* à durée aprés plus d'un Siécle.

*Reponſe de la Reine* Chriſtine *à N. N. de* Rome *le 2. Febr.* 1686.

„ **Puisque vous deſirés de ſavoir mes** ſen-

la guerre, & au contraire elle donna
de bons conseils pour calmer les troubles de ce Royaume, & pour le remettre

F 2

dans

    „ sentimens sur la prétenduë extirpa-
„ tion de l'Heresie en *France*, je suis ra-
„ vie de vous le dire sur un aussi grand
„ sujet. Comme je fais profession de
„ ne craindre, ni de flatter personne,
„ je vous avouerai franchement, que
„ je ne suis pas fort persuadée du Suc-
„ cés de ce grand dessein, & que je
„ ne saurois m'en rejouïr, comme
„ d'une chose fort avantageuse à no-
„ tre sainte Religion; au contraire je
„ prévois bien des préjudices qu'un
„ tel procedé fera naître. De bonne
„ foi êtes vous bien persuadé de la
„ sincerité de ces nouveaux Convertis?
„ Je souhaite, qu'ils obéïssent sincere-
„ ment à Dieu, & à leur Roi, mais
„ je crains leur opiniarrété, & je ne
„ voudrois pas avoir sur mon compte
„ tous les sacriléges, que commet-
„ tront ces *Catholique* forcés par des
„ missionaires qui traitent trop cava-
„ lierement nos saints misteres. Les

gens

dans son Etat florissant. Au lieu que si jamais la *France* avoit trouvé la maison d'*Autriche* dans une pareille situation, il lui

» gens de guerre sont d'étranges Apo-
» tres, je les crois plus propres à
» tuer, à violer, & à voler, qu'à per-
» suader. Aussi des Relations dont
» on ne peut douter, nous apprennent
» qu'ils s'acquittent de leur mission
» fort à leur mode, j'ai pitié de ces
» gens qu'on abandonne à leur dire-
» ction. Je plains tant de familles rui-
» nées, tant d'honnêtes gens reduits
» à l'aumone, & je ne puis regarder
» ce qui se passe aujourd'hui en *France*,
» sans en avoir compassion, & je plains
» ces malheureux d'être nés dans l'er-
» reur, mais il semble qu'ils sont plus
» dignes de pitié, que de haine, & je
» ne voudrois pas pour tout l'Empire
» du monde avoir part à leur erreur,
» je ne voudrois pas non plus être
» cause de leurs malheurs. Je consi-
» dere aujourd'hui la *France* comme
» une malade à qui on coupe bras &
» Jambes, pour la guerir d'un mal
qu'un

lui auroit, pour ainſi dire, été impoſſible d'en agir de même, & on peut remarquer dans l'Hiſtoire ancienne & preſente, que toutes les guerres, les Rebellions, les attentats, qui ſont ſurvenus à la maiſon d'*Autriche* ont été originairement le produit des fomentations des *François*, ou du moins ils les ont attirés & entretenus : Mais la màiſon d'*Autriche* dont les principes ont toujours

F 3

diffe-

„ qu'un peu de patience, & de dou-
„ ceur auroient entierement gueri,
„ mais je crains fort que ce mal ne
„ s'aigriſſe, & qu'il ne ſe rende en-
„ fin incurable, que ce feu caché ſous
„ les cendres ne ſe ralume un jour
„ plus fort que jamais, & que l'Here-
„ ſie marquée ne devienne plus dan-
„ gereuſe. Rien n'eſt plus louable
„ que le deſſein de convertir les *Hu-*
„ *guenots* Heretiques & infidelles, mais
„ la maniere dont on s'y prend eſt fort
„ nouvelle, puisque notre Sauveur ne
„ s'eſt pas ſervi de cette méthode pour
„ convertir le monde. Elle ne doit
„ pas être la meilleure. &c.

differés de ceux de la *France*, n'a jamais
voulu profiter de cette occasion favorable pour nuire aux *François*, & pour
s'aggrandir à leurs dépens, non pas par
ignorance, ni par nonchalance, ni par
imbecillité, ni faute de Pouvoir; mais
seulement par amour pour la Justice &
pour la paix. (*x*). Mais quelle en a été
la

(*x*) Quoique quelques *François* tâchent
d'accuser *Philippe* II. Roi d'*Espagne*
d'animosité à l'égard de la *France*. Il
faut pourtant que le Duc de *Rohan*,
dans son Traité de l'Interêt des Princes, avouë, qu'il n'a jamais eû la moindre inclination pour les hostilités, &
qu'il n'y a eû recours que pour se defendre, ou parce qu'il s'est trouvé dans
la necessité de reprimer, & d'abaisser
ceux qui entretenoient des Rebellions
dans ses Royaumes hereditaires. Lisés l'Article VI. pag. 200. du Bouclier
d'Etat; & *Brantome* notte, que les *François* lui avoient coûté cher, non
dans le dessein d'exciter la guerre, ou
le trouble, mais dans l'intention de
conserver la paix, & la concorde. Il
faut

la recompenfe? Point d'autre que celle que *Henry* III. Duc d'*Anjou* arracha à force d'argent & d'intrigues. La Couronne de *Pologne* aprés la mort d'*Augufte* I. arrivée en 1574. tomba à l'Archiduc *Ernefte*, qui y avoit le meilleur droit & la plus grande efperance. (*y*) Il eft cependant

F 4

faut loüer le Roi d'*Efpagne*, car ce n'a jamais été par une mauvaife intention, qu'il entretenoit ces Penfionnaires, ni pour l'aider à faire la guerre contre leurs Majeftés, mais pour leur perfuader conftamment de ne la faire jamais, & pour les tenir dans cette humeur pacifique. Voyés fes memoires des hommes illuftres étrangers Part. II. page 91.

(*y*) *Crato* fait mention dans la dedicatoire qu'il a mife à la Tête de *Dubravii Hiftoria Bohemiæ*, que l'an 1515. le Roi de *Pologne*, *Sigismond*, & l'Empereur *Maximilien* I. éroient convenus de certains pactes de Succeffion entre leurs auguftes maifons: ce que *Goldaftus* a inferé dans fon Livre *de Regno Bohemiæ* Lib. III. Cap. 18.

*Extrait*

pendant remarquable, que l'Election de *Henry* se fit sur la même Place, où les *Polonois* confederés pour la conservation de leur Liberté, & de leurs Loix fondamen-

### Extrait d'une autre Lettre de la Reine Christine *au même de* Rome le 18. *May* 1686.

„ Quoiqu'il en soit je ne me repens
„ pas d'avoir écrit la precedente, car
„ je ne crains personne, & je prie
„ Dieu de tout mon cœur, que ce
„ faux Triomphe de l'Eglise ne lui
„ coute un jour de veritables larmes;
„ Cependant pour la gloire de *Rome,*
„ Il faut savoir que tout ce qu'il y a
„ de gens d'esprit & de merité icy,
„ qui sont animés d'un vrai zele ne
„ sont pas non plus que moi les duppes
„ de la *France* à ce sujet, & ils regar-
„ dent comme moi avec pitié tout ce
„ qui se passe dans ce monde, où l'on
„ donne aux Spectateurs tant de sujets
„ de pleurer & de rire. &c.

*Autre*

damentales, élurent d'un commun accord l'Electeur de *Saxe*, Auguste III.
C'eft pourquoi le Roi de *France* avoit
encore moins de fujets de fe plaindre
d'une telle Ellection, qui étoit autorifée
par l'Exemple de fes Ancêtres (z). L'-
F 5 éfprit

*Autre extrait d'une Lettre de la dite*
*Reine au même* à Rome. *Le* 1.
*Juin.* 1686.

„ Du depuis rien n'eft arrivé, qui
„ m'ait fait changer de fentimens. Je
„ plains ces malheureux qu'on perfé-
„ cute fi cruellement par tout, & je
„ n'ai pas moins de pitié de ceux qui
„ fe font une efpece de merite, & de
„ gloire de la cruauté qu'ils exercent
„ fur des miferables. Je prie Dieu,
„ qu'enfin tout fe termine à fa plus
„ grande gloire, & qu'il vous conver-
„ tiffe, mais non pas par des miffio-
„ naires fi peu charitables, desquels
„ vous pouvés vous mocquer. &c. &c.

(z) Icy on refute l'objection des *Fran-*
*çois* par leur propre exemple, concernant

ésprit turbulent de ce *Henry* auroit été
le même sur le Trône de *Pologne* que
sur celui de *France*, si la mort imprevuë
de *Charles* IX. son frere, ne l'eut rappel-
lé hors hors de *Pologne*, pour venir prendre possession de la Couronne de *France*.
Quoique *Henry* abandonna avec mépris
le Diadême *Polonois*, dès qu'il apprit la
mort de son frere, & que sans dire mot
à qui que ce fut en *Pologne*, ni sans laif-
ser aucun ordre touchant le Gouvernement, il s'ésquiva à la faveur de la nuit
&

ernant l'Election d'*Auguste* III. savoir
qu'on ne l'avoit pas faite au lieu usité,
qui est *Warfovie*. Outre cecy, l'Histoire nous apprend, que l'Election
n'étois pas fixée à aucun endroit. *Uladislaus Lacticus Wenceslaus*, Roi de *Bohéme*, & *Uladislaus* fils de *Jagellon* furent élûs à *Posen*. *Sigismond Auguste*
à *Cracau*, la Reine *Hedewig* à *Siradis*.
*Casimir*, fils de *Jagellon*, & *Jean Albert Potrikau*. Voyés *Herburt* dans son
Histoire de *Pologne* Lib. 9. chap. 2.
Lib. 12. chap. 2. Lib. 15. chap. 1. & Lib.
18 chap. 1.

& des brouillards, & cela comme un fugitif, parceque les *Polonois*, qu'il avoit si indignement traités le depoſerent ſolemnellement du Royaume en preſence de ſon Ambaſſadeur, & exclurent aprés pour toujours de cette Couronne les Princes *François*. Il eût pourtant la temerité de propoſer à ſa place *Hercule* Duc d'*Alençon* pour lui ſucceder : mais il pouvoit facilement s'imaginer qu'il n'en viendroit pas à bout avec les *Polonois* irrités, qui peu s'en fallut inclinerent unanimement pour l'Empereur *Maximilien* II. d'*Autriche* : Ce qui fut cauſe que *Henry* mit tout en œuvre, en jettant, & prodiguant de l'argent de toute part ( Metal qui a beaucoup d'influence ſur l'eſprit des *Polonois*) pour fruſtrer la maiſon d'*Autriche* de ce Trône, & d'en pourvoir, ſi non un Prince de ſa famille, du moins quelqu'autre Etranger. L'Auguſte maiſon d'*Autriche* n'eſt pas dans l'uſage de s'achetter les ſuffrages à force d'argent ; & *Maximilien* ambitionnoit plutôt d'obtenir un Royaume

me par ſes merites que par des intrigues ( *a* ). Enfin la *France* parvint à
ſon bût, en ſecondant *Stephan Bàthori*,
Prince de *Tranſilvanie* en lui procurant
un Trône dû à *Maximilien*. Ainſi, quoique *Henry* ne pût effeĉtuer ſes deſſeins
prémedités à l'égard de ſon frere le
Duc d'*Alençon* au préjudice de la maiſon
d'*Autriche*, il ſe preſenta quelques années aprés une occaſion fort favorable
pour

(*a*) Le *Primus Regni*, la plus part des
Senateurs, & une quantité de la No-
bleſſe, avoient déja proclamé au champ
uſité pour cette ceremonie, l'Empeur
*Maximilien*, Roi de *Pologne*, & rien
n'auroit été plus facile que de gagner
le parti contraire, s'il eût pû gagner
ſur lui même d'avoir recours à la vile
qualité de l'or, pour obtenir leur ſuf-
frage; mais lorsqu'on lui annonça cette pierre d'achoppement, il repondit,
*non perſuadebunt Mibi Poloni, ut Re-*
*gnum emam*, & un celebre Hiſtorien
dit, *Famem Auri, quâ Preceres Poloniæ*
*laborabant. noluit reſtringuere; remque*
*rclinquere ambiguo eventui.*

pour faire diverſion à la maiſon d'*Au-*
*triche* de la branche *Espagnole.* Les *Pais-*
*Bas* peu ſatisfaits de la Regence *Espagnole,*
s'avoient, que la *France* aimoit à ſe fourrer dans toutes les Revolutions voiſines,
qui concernoient la maiſon d'*Autriche.*
Le Roi *Henry* leur propoſa ſon frere
pour Gouverneur, leur promettant des
monts d'or, & de les ſecourir. Ces
propoſitions eûrent l'effet deſiré : Ces
eſprits ſeditieux accepterent *Alençon* au
lieu de l'Archiduc *Matthieu*, qui devint
cy aprés Empereur, dignité qu'il con-
ſerva environ 6. ans, & non pas ſans
ſouffrir beaucoup de domages du côté
*Autrichien.* Cependant les *Pais - Bas* s'a-
perçûrent bien tôt, que le Roi *Henry*,
auſſi bien que leur Gouverneur, de frai-
che datte, ne butoient, qu'à les opprimer, afin de diminuer la Puiſſance de
la maiſon d'*Autriche* & augmenter la
leur. *Alençon* s'émencipa trop, & fit
aſſés entrevoir, qu'il vouloit ſe rendre
abſolu dans les *Pais- Bas*, ou les mena-
ger comme des païs conquis en faveur
de

de la *France*, en cas qu'il eut gardé plus-
longtems les Rênes de Gouvernement,
fur tous fi le mariage projetté entre lui
& la Reine *Elizabeth* d'*Angleterre* eut été
conclut.    Donc ceux des *Pais-Bas*, voyant que leurs affaires alloient de mal
en pis fous un tel Gouverneur, & que
leur fort devenoit femblable à celui des
grenouilles, dont il eft parlé dans les
Fables d'*Efope*, qui avoient prié *Jupiter*
de leur accorder un autre Roi; ils firent
comprendre aux deux Freres combien
ils étoient mécontens de leur conduite.
Ce fut par ce moyen, que les grands
& magnifiques deffeins de la *France* s'e-
vanouirent, & le Duc d'*Alençon* s'en cha-
grina fi fort qu'il en mourut.    Aprés
fon decés *Henry* III. perdit l'envie d'ou-
trager plus longtems la maifon d'*Autriche*; voyant que les troubles internes re-
commençoient, & que peu s'en étoit
fallu, qu'il n'eut perdu la Couronne de
*France*, & été mis dans un Cloitre par
fes propres fujets, principalement par
le Duc de *Guife*. Ces defunions durerent
jus-

jusques à sa mort, & il finit malheu-
reusement ses jours en 1589. & sa Regence & la Tige Royale des *Valois* se
terminerent avec sa miserable vie.

## CHAPITRE XIII.

TEls furent les mauvais tours que
les Rois du sang Royal des *Valois*
ont joués à l'Auguste maison d'*Autriche*,
mais non pas sans y avoir rencontré beaucoup de difficultés par des troubles interieurs, & autres circonstances qui les
ont empeché d'en agir encore plus mal.
La maison Royale de *Bourbon* qui est
maintenant sur le Trône de *France*, n'en
a pas moins mal agi contre celle d'*Autriche*, sur tout aprés être parvenuë dans
la suite des tems à cet excés de Puissance, de force & d'Autorité, par la Souveraineté introduite, avec la tranquilité, & la bonne disposition interieure,
par le maniment des armes, par le secours de ses Alliés, par des projets remplis d'artifices, & d'heureuses intrigues,
par

par ſes ſubſides, ſes largeſſes, & ſes penſions faites à propos; Enfin par la tranquilité, l'inadvertance, la docilité, & la déſunion de ſes voiſins, & par toute ſorte d'autres moyens. Le premier Roi de la maiſon de *Bourbon* fut *Henry* IV. Prince fin, ruſé, & gaillard. La fortune le ſecondoit dans toutes ſes entrepriſes. Son avénement au Trône lui fut fort diſputé, non pas tant de la part de l'*Eſpagne*, que par celle de ſes propres vaſſeaux, & ſujets, qu'il ſe ſoumit par la douceur, & vainquit les autres par ſon experience conſommée en fait de guerre, par ſa prudence, par ſa bonté, & ſurtout en ſe rendant *Catholique*. La maiſon d'*Autriche* de la branche d'*Eſpagne* n'entra dans ſes differens qu'autant qu'Elle en a été ſuppliée par les vaſſeaux *François*, & qu'Elle le croyoit juſte, & neceſſaire, ſuivant les Loix fondamentales du Royaume, & les regles de la Religion *Catholique*, & *Romaine*.

Ces ſcrupules étant levés, il ne voulut plus participer au repos de la *France*,

&

& au Regne paifible, de *Henry*, & non
obftant cela *Henry* s'en fervit de comme
d'un pretexte pour déclarer la guerre à
*Philippe* en 1594. mais il n'y gagna rien,
& jugea à propos de faire la paix 5. années aprés, voyant que fon Empire
étoit abattu par tant de viciffitudes, fi
fouvent réiterées, & qu'il n'en pouvoit
plus longtems foutenir le pefant fardeau, & ne pouvoit non plus pretendre de
rien faire d'effentiel contre la maifon
d'*Autriche*; pendant cet interval il attaqua le Duc de *Savoye*, *Charles Emanuel*,
pour n'avoir pas agi de concert avec
lui, & le força en 1600. comme pour
l'en punir, à ceder bien des villes à la
*France*, & fans doute, qu'il auroit encore agi plus rigoureufement avec lui,
fi la crainte de l'appui de la maifon d'-
*Autriche* ne l'avoit pas retenu. Appui
dont les Ducs de *Savoye* ont toujours
jouis contre les injuftices criantes de la
*France*. *Henry* regna pendant quelque
tems en paix, avec affés de bonheur &
de profperité : il retablit un ordre flo-

G     riffant,

riffant, qui le rendit vain, & prefomptueux à mefure qu'il fongeoit ferieufement à parvenir à la Monarchie univerfelle, de ce dont on avoit jusques alors accufé mal à propos la maifon d'*Autriche*. On en trouve le Plan dans les memoires de *Henry* IV. dans ceux du Prefident *Jannin*, & dans ceux de l'Evêque de *Rodez* tout circonftancié, & vifiblement. En *France* il n'y a plus perfonne qui en faffe un Miftère ; on tâche plutôt de prôner la fageffe & la fuperiorité de l'efprit du Roi *Henry*, & de propofer fes deffeins, avec une abondance infinie déloges, comme des modéles, & des Exemples dignes de l'Emulation de fes Succeffeurs (*b*). Rien ne

(*b*) Ceux qui ont inftruit le Roi *Louis* XIV. dans fa tendre Jeuneffe, lui ont continuellement reprefenté la vie & les deffeins de fon grand Pere, comme des modeles achevés : temoins leurs Ecrits : C'eft pourquoi on a remarqué pendant toute fa vie fon avidité

ne s'oppofoit à fon ambition demefu-
rée, & à l'avidité de regner, que la
Puiffance de la maifon d'*Autriche*; raifon
qui l'obligeoit à cacher le deffein qu'il
s'étoit proposé de restreindre cette maifon Archiducale dans les bornes étroi-
tes d'*Efpagne* & des Païs hereditaires

G 2 d'*Al-*

dité toujours tendante à la Monarchie
univerfelle, qui lui a fait tourmenter
toute l'Europe jusqu'à fa mort, &
ruiner fes propres Etats pour affouvir
cette paffion dominante.  Voicy ce
qu'en difent *Bourfaut* & *Boileau*.

Sans être conquerant, un Roi peut être
Augufte.
Pour aller à la gloire il fuffit d'être Jufte.
Dans le fein de la paix faire de toutes
parts,
Difpenfer la Juftice, & fleurir les beaux
Arts.
Proteger votre peuple au tant qu'il vous
revére;
C'eft en être Seigneur, le veritable Pere,
Et Pere de fon peuple eft un titre plus
grand,
Que ne le fut jamais celui de Conquerant.

d'*Allemagne*. Il avoit amaſsé des treſors
conſiderables par ſon œconomie; & il
s'étoit pourvû de toutes les choſes ne-
ceſſaires à la guerre, en cas de beſoin.
Il avoit fait une Alliance trés étroite avec
les Rois du *Nord*, la *Hollande*, la *Suiſſe*,
la *Savoye*, le *Pape*, la *Bavierre*, & autres
Etats devoient tous avoir part au
Butin. Il avoit des armées nombreuſes
ſur pié, & on comptoit, que ſon armée & celle de ſes Alliés montoient à
prés de 120000. hommes. Il avoit déja ſubſtitué la Reine *Marie*, ſon Epouſe
pour Regente, (*c*) pendant ſon abſen-
ce,

(*c*) Le Roi *Henry* s'étoit déja marié en
1572. avec *Marguerite* ſœur de *Charles*
IX. la gardant en qualité d'Epouſe
pendant 28. ans, mais n'ayant point
d'Heritiers d'Elle, & les Rois de *France* reglant les liens du mariage comme
tout autre choſe ſuivant leur interêt,
il ſe fit ſeparer d'Elle en 1600. & épou-
ſa la dite *Marie*, Fille du Grand Duc
de *Florence*.

ce, ayant refolu d'aller lui même en Campagne contre la maifon d'*Autriche*, Enfin il pourvû à tout ce qui étoit necéfaire pour une longue guérre. La maifon d'*Autriche*, au contraire, comptoit fur la paix, & fur fa bonne foi, & fidelité, ne pouvant s'imaginer avoir donné lieu à une rupture; n'ayant reçu ni plaintes, ni declaration de guerre de la part de *Henry*, Elle vivoit tranquillement, & fans faire aucune difpofitions pour contre balancer les deffeins de *Henry*, qui furent de la furprendre dans cette tranquilité, & de la jetter dans la plus grande confternation. Il fit donc marcher fon armés avec beaucoup de precipitation dans les *Pais-Bas*, dans l'intention de la fuivre lui même dans peu de jours. En verité tous ces préparatifs tramés & entretenus depuis fi longtems, cette Puiffance combinée & affemblée, cette attaque imprevuë auroit été felon toutes les apparences humaines extrémement dangereufe pour la maifon d'*Autriche*, qui étoit alors fans

G 3

de-

defense ( *d* ) fuivant une pernicieufe habitude. Si la divine Providence n'avoit
pas fappé le fondement de ce bel Edi-
fice par la mort de ce Roi, qui fut af-
faffiné,

( *d* ) C'eft le devoir d'un Grand Prince
de fe pourvoir en tout tems, & même
pendant la paix, de tout ce qui eft neceffaire à la guerre, pour n'être pas
reduit à la dure neceffité de fe la laiffer faire. Et *Corneille dit*, *pax bello
paritur*.

### Boileau dit,

Mais quelques vains Lauriers que pro-
mette la guerre,
On peut être Heros fans ravager la Terre.
Il eft plus d'une gloire ; en vain aux Con-
querans
L'Erreur parmi les Rois donne les pre-
miers rangs
Entre les Grands Heros ce font les plus
Vulgaires,
Chaque Siècle eft fecond en heureux te-
meraires,
Chaque Climat produit des Favoris de
*Mars*.

La

saſſiné, & qui prévint tant de maſſacres,
& detourna bien des malheurs, qui au-
róit indubitablement tombés ſur la maiſon d'*Autriche*, & ſur toute la chretienté, qui reſtoit auſſi dans la tranquillité.

Voyés, outre cecy, la premiere Epitre
de ce fameux *Boileau* au Roi, où il ex-
poſe ſi bien l'Hiſtoire de *Pirrus*, puis
auſſi ſa huitiéme Satire.   *Seneque de Bene-*
*ficiis* Lib. I. Cap. XIII. *Grotius* de Jur. Bel.
G 4                     &

La Seine a des *Bourbons*, le Tibre des
*Ceſars.*
On a vû mille fois des fanges meotides,
Sortir des conquerans, *Gots*, *Vandales*,
*Gepides*,
Mais un Roi vraiment Roi, qui ſage en
ſes projets,
Sache en un calme heureux maintenir
ſes ſujets,
Qui du bonheur public, ait cimenté ſa
gloire:
Il faut pour le trouver courir toute l'Hi-
ſtoire.
La Terre compte peu de ces Rois bien
faiſans
Le Ciel à les former reſte longtems.

& Pub. Lib. II. Cap. I. *Auguſtinus* Lib. IV. Cap. IV. *Lactantius* Lib. I. *de Falſâ Religione*, & la Harangue des Ambaſſadeurs de *Scite* dans Q. *Curce*. Livre VII. Chapitre VIII.

## CHAPITRE XIV.

LOuis XIII. monta ſur le Trône à l'âgende 9. ans & par conſequent hors d'Etat de pouſſer plus avant les vaſtes deſſeins de ſon pere, ſur tout pendant ſa Minorité; Le commencement de la Regence étoit rempli de troubles par raport à l'Emulation des Grands. Les deux premiers Miniſtres d'Etat, *Concini d'Ancré*, & le Duc de *Luines* ſongeoient plus, ſelon la coutume, à remplir leurs caiſſes domeſtiques, qu'à des guerres étrangeres. Le Roi lui même paroiſſoit porté à mener une vie paiſible; de ſorte que la *France* & l'*Europe* auroient joui des douceurs de la paix, ou n'auroient au moins pas verſé tant de ſang, ſi le fameux Cardinal de *Riche-lieu*,

*lieu*, homme fombre, ambitieux, rufé,
foupçonneux, & politique, n'eut pas
parû à la Cour, de laquelle il devint le
premier Miniftre en 1625. Auffi tot
que celui-cy fe fut infinué auprés du
Roi, de l'efprit du quel il fe rendit
bientot maitre auffi bien que de fon
pouvoir, il infpira à S. M. les injuftes
maximes de fes Predeceffenrs contre la
maifon d'*Autriche*, & propofa divers
moyens pour parvenir à fon but, entre
autres la Puiffance Souveraine & fans
bornes du Roi, mais les principaux qu'il
employa furent la méfiance, & les foupçons contre la maifon d'*Autriche?* Par ces
deux Raifons pretenduës d'Etat, qu'il
avoit appris de *Louis* XI. de *François* I.
& d'*Henry* IV. mais dont il fe fervi aprés
avec beaucoup plus d'artifices, & de
fuccés, il mit le comble à cette Puiffance qu'on a fi fouvent employée pour
nuire à la maifon d'*Autriche*. Pour colorer cette pernicieufe conduite, il ta-
cha de perfuader de nouveau, que la
maifon d'*Autriche* ne tendoit qu'à la monarchie

narchie univerfelle : Outre cela le bonheur dont cet augufte maifon jouiffoit
lui avoit attiré beaucoup d'Envieux, qui
fe laifferent facilement gagner, voyant
que la *France* s'offroit à feconder & proteger tous les Princes de l'*Europe*, qui
ne s'accorderoient pas avec cette maifon.
Au moyen de quoi la *France* entra malicieufement en connoiffance de tous les
differens qui regnoient entre cette maifon & les autres Princes de l'*Europe*,
afin de s'oppofer à fes droits, & de
trouver des pretextes pour lui faire la
guerre, dans le deffein de fe faire des
amis, & alliés, fous la trompeufe apparence de les affifter. (*e*)　　Et n'ayant
　　　　　　　　　　　　　　pas

(*e*) Ce tour malicieux d'animer une Puif-
　　fance contre l'autre, pour fe joindre
　　à une des deux comme allié, non feu-
　　lement pour vaincre la premiere, mais
　　encore pour engloutir aprés la fe-
　　conde avoit déja été mis avantageufe-
　　ment en pratique par *Philippe* Roi de
　　*Macedoine*, qui par ce moyen a ôté peu
　　à peu la Liberté à toute la *Grece*, en
　　　　　　　　　　　　　　la

pas d'autres intentions que celle d'affoiblir
la maison d'*Autriche*, pour aggrandir
celle de *Bourbon*. Le different qui arriva en 1624. entre les *Grisons* & la maison d'*Autriche* ne regardoit en aucune
maniere la *France*, néanmoins Elle s'y
fourra aussi serieusement, que si on l'a-
voit prise pour en être le Juge compe-
tent. Le Duc de *Nevers*, qui meprisoit
l'Empereur, & l'*Empire* fut longtems
sans vouloir prendre l'Investiture de la
Succession de *Mantoue*. Il est vrai qu'on
lui

la reduisant sous sa domination. *Alè-
xandre* le Grand a subjugué la plus
grande partie de l'Univers, ce à quoi
ils n'auroit pas pû parvenir sans ce
stratagême que les *Romains* ont aprés
suivi, en s'emparant d'un Païs aprés
l'autre : Les *François* suivent parfaitement leurs Exemples, & l'*Allemagne*
vient d'apprendre, en perdant plusieurs Provinces l'avantage prétendu
qu'on peut tirer du secours de la *France*, qui voudroit passer pour l'Ange
Tutelaire des Princes opprimés, pour
mieux bouleverser le tout aprés.

lui rendoit avec justice la possession de ce Duché assés facheuse : mais étant en même tems Vassal de la *France*; Elle crû que c'estoit une raison assés suffisante pour entreprendre de le retablir les armes à la main, & pour cet effet Elle commença une guerre des plus sanglantes, dont la fin fit assés connoître l'intention dangereuse des *François*, en gardant la belle Forteresse des Frontieres de *Pignerol*, pour être plus à porté des évenemens en *Italie*; & d'assister ceux qui s'étoient revoltés contre la maison d'*Autriche*, & de ce dont ils ont donné un Exemple autentique en 1641. par la conquête subtile & rusée qu'ils ont fait de la Forteresse de *Monaco*.

## CHAPITRE XV.

CEpendant tout cecy n'est encore rien en comparaison des autres Injustices que la *France* à faites à la maison d'*Autriche* pendant le cours de la susdite guerre de 30. ans. La Cour de *France* avoit

avoit regardé jusques à lors avec envie
& Jalousie les heureux progrés de l'Empereur *Ferdinand* contre Frederic, Comte de *Palatin*, qui tâchoit de lui enlever
le Trône de *Bobéme*. Touté fois
Elle n'osa pas encore à lors rompre entierement avec la maison d'*Autriche*, à
cause des débats des *Haguenots*, & de sa
Souveraineté chancellante. Mais par
dessous main, Elle lui suggera des ennemis de toute part. Les *François* ne pouvoient cependant pas beaucoup compter
dans ce tems là sur l'*Angleterre*, *Jacques*
I. étant trop juste, & trop pacifique
(*f*) & son Successeur *Charles* trop foible pour de telles entreprises, qui auroient durées trop longtems, & à cause
de

(*f*) Quoique le Comte *Frederic* fut
son gendre, il ne laissa pas de lui
conseiller de ne pas entrer dans les
troubles de la *Bobême*, & de ne pas
accepter la Couronne offerte; Il resta
si ferme dans ce sentiment, qu'il ne
l'a jamais appuyé, ni par ses conseils,
ni

de fes mesintelligences avec fon Parlement, qui craignoit, qu'il n'afpirât à la
Souveraineté, à l'inftigation de fa femme. Les *Hollandois* étoient affés occu-
pés à conferver leur Republique, fans
fonger à agir d'une maniere offenfive
contre la maifon d'*Autriche*. La *Pologne*,
& la *Suede* qui étoient engagées, dans
une guerre, ne pouvoient pas fe mêler
dans aucunes affaires étrangeres. Le
*Turc* même pour cette fois, montra le
peu d'envie qu'il avoit de renouer avec
la triomphante maifon d'*Autriche*, qui
avoit obligé le Prince *Bethlem Gabor* de
*Tranfilvanie* à refter tranquile dans fa
Principauté. La *France* voyant donc
qu'Elle ne pouvoit rien entreprendre
avec ceux cy, tourna toutes fes vuës
du coté des Princes d'*Allemagne*, en voulant

ni avec de l'argent, ni avec des Troupes, ne l'ayant pas même voulu fecourir dans fes malheurs, ni dans fes entreprifes, qu'il regardoit abfolument
comme injuftes, & condamnables.

lant leur perfuader, que l'Empereur tendoit à la Souveraineté, & à l'abaiffement de leur grandeur, reprefentant aux *Catholiques* la liberté de l'*Empire*, & aux Proteftans encore plus la Religion que la *France* avoit fi fevérerement perfecutée dans fes propres Etats. (*g*) On leur promit de l'argent, des fubfides, & afin qu'ils ne manquâffent pas de chef, on leur gagna les miniftres de *Chretien* IV. Roi de *Danemark*, pour l'engager à entrer en guerre fous l'affurance des fubfides

(*g*) Par ces fortes de fineffes la *France* a toujours taché de foulever le Princes *Allemands* contre leurs chef, ou du moins les a voulu empecher de le fecourir dans le befoin, penetrant, comme le dit *Monzambano*. *Germaniæ unitæ bellum inferre, velle neque hujus neque alterius fæculi rem effe.* Elle fuit le même principe dont fe fervirent autrefois les *Romains* avec les *Teutons, divide & imperabis,* puis *manibus Germanorum Germani vincuntur.* Lentulus *in Principe abfoluto five axiomate* 19. *ad Lib.* 12. *Annall. Taciti.*

sides de la *France*, qui outre cela étoit
préparée à tout évenement, ayant pris
toutes les mesures qu'Elle avoit crû con-
venables, afin qu'en cas que l'une des
cordes de son Arc vint à manquer, Elle
pût avoir recours à une autre, & pour
cet effet Elle depecha un Envoyé, sous
le nom d'un particulier au vaillant *Gustave Adolphe* Roi de *Suede*, qui au commencement devoit se tenir à sa cour
comme un Cavalier, qui voyage, pour
s'insinuer, deviner, & penetrer les se-
crets de cette Cour, afin de les reveler
à *Richelieu*, & de disposer peu à peu le
Roi à la guerre (*b*) à lors les *Dannois*
ne purent rien faire contre l'Empereur,
&

(*b*) Les *François* ne sont guére accoutu-
més à faire voyager leurs Enfans dans
les Païs Etrangers pour ne pas tirer,
& depenser leur argent hors de l'Etat.
Mais pour peu qu'on veuille reflechir,
on s'apercevra qu'ils entretiennent des
Espions dans la plus part des Cours,
qui sont des gens adroits & plus propres

& firent la paix à *Lubeck* en 1629, au grand depis de la *France*, qui malgré fes promeffes ne l'avoit pas fecouru. *Riche-lieu* fe donna dans ce tems là toutes les peines imaginables, pour engager la *Pologne* & la *Suéde* à une Tréve de 6. ans, pour prévenir tous les obftacles qui auroient pû empecher *Guftave Adolphe* de participer dans cette guerre en *Allemagne*, *Richelieu* ayant abfolument refolu, que *Guftave* fe rendroit fur le territoire *Allemand*, afin de fe fervir de fa valeur & de fon courage contre l'Empereur, & pour transferer le Théâtre de la guerre

H                          dans

pres à faire des decouvertes que les Ambaffadeurs mêmes.    Il y a une grande Cour en *Allemagne*, qui a tenu, & tient encore à grands frais une petite armée de ces Emiffaires, presque dans tous les coins du monde, & qui en a tiré des avantages confiderables, apprenant par là les deffeins, & les difpofitions de chaque Païs, éprouvant par ce moyen, que c'eft une politique achevée de fuivre l'exemple des *François*.

dans les Etats hereditaires de la maison
d'*Autriche*, il fit faire des Remises consi-
derables en or & en argent à *Gustave*.
Ce second stratagême du rusé Cardinal
lui réussit mieux que le premier : & par
la Bataille de *Leipsic*, arrivée en 1631. le
Roi de *Suéde* a fait perdre à la maison
d'*Autriche* presque tous les fruits dont
Elle auroit dû joüir de ses victoires pendant le cours de 25. ans.   Mais la Fortune secondoit les entreprises de *Gustave
Adolphe* mieux & plus rapidement que
l'interêt de la *France* ne le demandoit,
dont l'intention étoit de tourmenter la
moison d'*Autriche*. Mais non pas pour
que le *Suedois* devinssent trop puissans,
en s'approchant de plus en plus des confins de la *France*, dans la crainte, que
*Gustave*. qui étoit un zelé partisant de la
Foi protestante , n'entreprit quelque
chose contre Elle en faveur des *Huguenots*, & ce fut pour cette raison qu'Elle
mit un contrepoids entre ces deux Puissances, pour empecher qu'aucune n'eut
le dessus, & afin que la *France* eût toujours

jours l'avantage de les contrebalancer, & surtout lorsque *Gustave* fit connoître clairement, que ce n'étoit pas pour l'interêt seul de la *France* qu'il étoit venu en *Allemagne* : &, s'il faut s'en rapporter à quelques avis, le Cardinal de *Richelieu* avoit, par le secours de son esprit familier & prophetique, quelques présentimens de la mort du Roi à *Lutzen*, ce qui n'est pas difficile à croire, puisque ce ne seroit pas le seul Prince, que *Richelieu* a fait passer de cette manière dans les champs *Elisés*.

## CHAPITRE XVI.

Ces contre-tems ne continuèrent pas toujours de la même manière, & la maison d'*Autriche* commença à respirer & à se remettre. Les projets impies du turbulent *Wallenstein*, qui ne se firent pas à l'insçûë de la *France*, furent assoupis par sa mort. La Bataille de *Nœrlingue* renversa les progrés des *Suedois* : & la *Saxe* avec beaucoup de Prin-

ces

ces *Allemands* conclurent la paix de *Prague.* A lors la *France* jugea à propos de lever le masque, & de joindre la peau du Renard à celle du Lion, pour tâcher de ruiner par de nouveaux combats la maison d'*Autriche*, déja fi fatiguée par ces longues guerres: Elle attaqua donc la maison Archiducale avec une furie extrême dans 4. differens endroits: favoir en *Italie*, en *Allemagne*, aux *Pais-Bas*, & en *Espagne*, & chaffa de tous fes Etats le Duc *Charles* III. de *Lorraine*, & captiva fon frere *François Nicolas* avec fon Epoufe, pour n'avoir pas voulu fe compromettre en rien, de manière, qu'ils ne purent qu'avec beaucoup de peine s'échapper, ayant changé d'habits, & cela uniquement parceque le Duc étoit au Service *Autrichien.* Cecy ne contenta pas encore le Roi *Louis*, car auffitot qu'il eût appris que le Royaume de *Portugal*, qui avoit été plus de 61. entre les mains de la maison d'*Autriche* de la branche d'*Espagne*, par droit d'heritage, (*i*) s'étoit

(*i*) Philippe II. Roi d'*Espagne* étoit coufin

toit foulevé en 1640. fans aucune raifon, & qu'il avoit élut pour Roi *Jean*
Duc de *Bragance*, il n'épargna rien pour
ravir à la maifon d'*Autriche* ce riche &
H 3

ex-

fin germain de *Henry* de *Portugal*, &
la Ducheffe *Catherine* de *Bragance* renonça folemnellement par un Acte à
tous les droits fur cette Couronne.
Cependant la Reine Douairiere de
*France*, *Catherine* de *Medicis* voulut
faire revoquer en doute fes droits inconteftables, & decouvrit une pretention de 300. ans, en faifant deriver fa
famille d'*Alphonfe* III. qui regna en
1244. Mais cecy n'allant pas à fouhait,
les *François* engagerent le Prieur *Anthoine* de *Crato* à former une autre
prétention contre *Philippe*, mais il ne
pût alleguer autre chofe, fi non qu'il
étoit né d'un fils naturel du Roi *Emanuel*. Les *François* firent tous leurs
poffibles pour mettre ce Bâtard fur le
Trône, & l'aiderent à foutenir longtems les Iftes d'*Azore* contre *Philippe*,
& étant contraint, en 1583. de ceder
aux juftes armes de *Philippe*, il fe re-
fugia

excellent Royaume, fans lui laiffer la moindre efperance de le recouvrir jamais. Ceux de *Catalogne* fe revolterent auffi dans cette année contre leur legitime fouverain, mécontens de la Garnifon de quelques Troupes, & ne pouvant s'accorder avec le Miniftre d'Etat du Roi, comte d'*Alvarés*. On peut facilement juger, que, fi le Cardinal de *Richelieu* ne les excita pas ouvertement à la Revolte, il les y encouragea beaucoup, en leur envoyant d'abord des fecours de la patt de la *France*, & en leur promettant de grands Priviléges, s'ils vouloient entierement fe foumettre à cette Couronne : de forte qu'il couta beau-

fugia en *France*, où on lui donna des fortes affurances de le proteger, & on y fit même tant pour lui, qu'avec le fecours des Galéres *Françoifes*, & *Angloifes*, il pût entreprendre une Nouvelle defcente en *Portugal*, pour allarmer l'*Autriche* de ce côté là, mais toute cette entreprife manqua, & *Anthoine* fut reduit à vivre *gratis* en *France*.

beaucoup de peines à la maison d'*Autriche* pour retirer cette Province des griffes des *François*, & pour la mettre fous fa domination. (*k*) Ce fut à l'inftiga-

H 4        tion

(*k*) Les *Cataloniens* ayant tellement éprouvé la differenee du Regne de la maifon de *Bourbon*, d'avec celui de la maifon d'*Autriche*, montrérent de nouveau leur horreur & leur repugnance de retomber fous le joug de la *France*, furtout aprés avoir appris pendant 11. ans, quelles ont été les malices, les fraudes, & la délayauté de cette couronne. Cecy fe manifefta afsés dans la derniere guerre de Succeffion, où il ne fe trouva aucune Province, qui s'oppofa avec plus d'ardeur, que celle de *Catalogne*, à la Regence *Bourbonoife*, & qui fouhaita avec plus d'empreffement d'avoir pour Roi un Prince de la maifon d'*Autriche*. Elle fit tous fes derniers éfforts pour garder le Roi *Charles* III. qui a été aprés élu Empereur, fous le nom de *Charles* IV. de trés Augufte memoire. De là on peut clairement difcerner, que les

*Fran-*

tion & fuivant le Confeil de fon premier Miniftre (*l*) que *Louïs* XIII. agit
de

*François* filent doux au commencement, mais qu'auffitôt qu'ils font devenus les maitres, ils montrent les
dents. *Fiſtulâ dulce canit volucrem dum
decipit auceps.*

(*l*) Les Flatteurs n'ont pû mieux plaire
au Cardinal de *Richelieu*, qu'en van-
tant fon affiduité contre la maifon
d'*Autriche*, qu'ils prônnent comme
fon chef-d'Oeuvre. Tous les Poe-
mes, & les Panegiriques des Paraſi-
tes affamés en font remplis, & ainſi
que nous l'avons déja dit, *Richelieu* a
eû plus de part à la Regence, aux affaires d'État, & aux intrigues, que le
Roi, qui défaprouvoit quelques fois
fes mauvaifes actions, mais c'étoit une
chofe qu'il ne pû jamais changer, par
ce qu'il lui avoit donné trop d'afcendant fur fon Efprit, ce qui donna occafion au Poete *Silefien. Hoffmannus-
Waldau* de faire l'Epithaphe fuivant
pour *Louïs* XIII.

*Bri-*

de cette façon contre la maison d'*Autriche*, quoiqu'il lui auroit été plus féant de tourner fes armes contre l'*Angleterre*, pour delivrer fon Beau frere *Charles* I., il aima mieux entretenir par de viles intrigues les mauvais deffeins & fes pernicieufes tentatives, que de confentir que l'*Autriche* reftât en paifible poffeffion des Etats dont Dieu l'avoit favorifée. (*m*)

H 5                                          Il

*Brifach*, *Perpignan*, *Turin*, & *la
Rochelle*.
De ce que j'ai été inftruifent l'Univers.
Mais dés que *Richelieu*, mon efprit
fut en L'air,
On voit que je me meurs, on voit
que je chancelle.

(*m*) Il n'y avoit rien de plus facile à la *France* dans ce tems là, que de calmer les troubles d'*Angleterre* dans leur fource. Mais on regardoit comme un bon expedient d'allumer le feu des deux côtés. On animoit le Roi, par fon Epoufe, à fe compromettre avec le Parlement, & *Louis* avertiffoit
les

Il conferva cette haine contre la maifon d'*Autriche*, auffi bien que *Richelieu* jufques fa mort, qui arriva l'an 1643. dans le plus fort de la guerre, fans furvivre à la paix.

## CHAPITRE XVII.

CE que l'Ambaffadeur de *Suéde*, *Hugo Grotius* prédit à *Paris*, lorfque *Louis* XIV. naquit avec deux dents, favoir :

les *Anglois* de prendre garde, que leur Roi ne devint trop puiffant, il les fecondoit dans leur opiniatreté, par fes confeils & fes prodigalités, afin d'entretenir une jaloufie conftante, & d'empecher que ce Royaume ne vint à faire valoir fes forces par une trop grande harmonie. Plufieurs memoires *François* difent, que *Louis* érigea non feulement une correfpondance avec les Ecoffois, mais qu'il leur envoyoit encore de groffes fommes. Commerce que la *France* cultive jufqu'à celle heure avec la derniere Exactitude.

voir : *Caveant ſibi vicini à mordacitate bujus Principis.* Se verifia amplement , & principalement la maiſon d'*Autriche* a pluſieurs fois ſouffert de ſes morſures ; Il perdit ſon Pere dans un âge où il ne pouvoit vaquer lui - même à la Regence. On a remarqué depuis que la Lignée *Bourbonique* porte la Couronne, le Trône eſt toujours tombé en partage à des Princes ſous la Tutele. Mais le ruſé *Richelieu* aprés un Miniſtére de 20. ans, recommanda en mourant, en la perſonne de *Mazarin, Italien* de nation, un premier Miniſtre auquel il avoit eû grand ſoin d'inculquer les pernicieuſes maximes pour rendre la *France* formidable contre la maiſon d'*Autriche.* La Reine Regente, quoique Princeſſe de la maiſon d'*Autriche*, ſe laiſſa entierement conduire par *Mazarin*, & Elle confia à cet eſprit ſuperieur les Rénes du Gouvernement, étant dans le ſentiment, qu'Elle ne devoit plus ſonger au bonheur de la famille d'où Elle ſortoit, mais ſeulement à celui de celle, où Elle venoit

venoit d'entrer. Ce *Mazarin* ſe ſervoit
encore de la chimerique monarchie univerſelle, à laquelle on accuſoit fauſſe-
ment la maiſon d'*Autriche*, de pretendre, & ſeulement dans le deſſein d'entretenir les autres Puiſſances de l'*Europe*
dans la défiance à l'égard de cette Auguſte maiſon. Sous ce faux pretexte
il continua la guerre pendant 30. ans,
& juſques à ce qu'enfin il joua ſi bien
ſon Role, que la *France* eût, en vertu
de la paix de *Weſtphalie*, en 1648. la
Haute & Baſſe *Alſace*, le Païs de *Sundgau*,
la Fortereſſe de *Briſach*, & autres Places
conſiderables des Païs hereditaires de la
maiſon d'*Autriche*, par là il entra de pied
ferme dans l'Empire *Allemand*, & au
moyen de la garantie de cette Paix, il
trouva celui de ſe fourrer dans tous les
differens qui ſont ſurvenus parmi les
Princes de l'*Empire*. La maiſon d'*Autriche* de la Branche *Eſpagnole* ſe feroit de-
fait volontiers de ſes ennemis en parti-
cipant à cette paix generale. Mais la
*France* ſe voyant les mains libres, & e-
ſperant

ſperant d'employer toute ſa force contre l'*Eſpagne*, elle chanta ſi haut, qu'il étoit
facile de s'appercevoir, que ſon intention étoit de pourſuivre la guerre. C'eſt
pourquoi Elle ne vit pas de bon œil,
que la *Hollande* conclût la paix auſſi en
1648. avec l'*Autriche*, vû qu'Elle tendoit à affoiblir l'*Eſpagne* l'une aprés l'autre, en leur faiſant repandre du ſang,
& en épuiſant leurs Treſors. Mais les
*Hollandois* plus ſages, s'aperçûrent des
deſſeins intereſſés des *François*, ce qui
les determina plus vite à faire la paix,
voyant que ces derniers vouloient envahir les *Pais-Bas*, & ruiner enſuite de
fond en comble leur Republique.

## CHAPITRE XVIII.

DE façon que l'*Autriche* ſembla pendant quelque tems être à l'abri des
inſultes des *François*, qui toute fois n'e-
chaperent pas la moindre occaſion pour
ſuſciter de nouveaux troubles, & la guerre contre la branche d'*Eſpagne*, guerre
qui

qui fut d'autant plus vive, qu'ils y af-
femblerent toutes leurs forces, & qui
dura encore II. ans, & fut pourfuivie
avec un bonheur alternatif tant en *Italie*
que dans les *Pais-Bas*, la *Bourgogne*, &
l'*Efpagne*, croyant qu'enfin ils fatigue-
roient la maifon Archiducale, qui avoit
auffi alors les *Portugois* contre Elle, &
que la *France* protegeoit de toutes fes
forces.

Le Parricide *Cromwel*, l'horreur du
genre humain, tirannifoit l'*Angleterre*,
aprés avoir fait trancher la tête le 30.
Janvier en 1649. au Roi *Charles* I. mais
la *France* qui n'avoit pas fait la moindre
difficulté d'entrer en liaifon avec le
*Turc*, ne s'en fit pas non plus aucune
de faire tous fes éfforts pour fe rendre
agréable à cet execrable Affaffin Royal,
en le reconnoiffant comme legitime Protecteur de l'*Angleterre*, & baniffant, pour
lui complaire, de tous les domaines
*François*, le Fils heritier du Roi de capi-
té. *Charles* II. étant coufin Germain de
*Louis* XIV. celui-cy auroit du aucon-
traire

traire le vanger la mort de fon Pere,
& l'appuyer contre l'injufte ufurpation
de fes Etats hereditaires; mais il agit
tout autrement, n'ayant pour bût que
de porter *Cromwel* dans une Alliance avec
lui contre la maifon d'*Autriche*, au moyen de laquelle cette Augufte maifon a
fouffert beaucoup de domages. Ces machinations durerent jusques à ce que les
*François* extorquerent à *Philippe* IV. la
paix des *Pirenées*, par laquelle ils s'ap-
proprièrent bon nombre d'Etats, & autres Places tant dans les *Pais-Bas*, que
fur les Confins d'*Efpagne*, promettant en
échange de ne prêter à l'avenir aucun fe
cours aux feditieux *Portugais*. Promeffes à la mode *Françoife*, qu'ils ne tirent
pas felon leur louable coutume; car a
peine la paix fut elle concluë, qu'ils envoyerent leurs meilleurs generaux aux *Portugais*, auxquels ils donnerent des con-
confeils pernicieux, des fubfides confiderables, & leur fournirent des Troupes par deffous main, & quantité d'autres
chofes neceffaires pour foutenir la guerre.

C H A-

# Chapitre XIX.

ENtre tous les Traités de paix par-
venus à leur Maturité avec la maison de *Bourbon*, il n'y en a pas un qui
ait été plus nuisible à la maison d'*Autriche*, ni plus pernicieux à toute l'*Europe*,
mais en même tems plus avantageux à
la *France*, que le susdit Traité des *Pirenées*, on auroit pû d'abord prévoir cecy, mais le triste évenement ne l'a que
trop demontré, en ce que les *François*
prirent occasion, moyenant le mariage
conclut dans cette paix entre le Roi de
*France*, & l'Infante *Marie Therese* d'abord
aprés la mort de *Philippe* IV. d'envahir
les *Pais-Bas*, sous pretexte du droit de
devolution, & d'arracher dés la mort
*Charles* II. ainsi que nous le verrons cy
aprés, presque toute la monarchie d'-
*Espagne* à l'*Autriche. Philippe* IV. ayant eû
un pressentiment de ce malheur, se
servi de toutes les précautions imaginables, par l'experience qu'il avoit faite
des

des mauvais tours de la *France*, il ne
pouvoit qu'avec beaucoup de peine fe
refoudre à accorder fa fille au Roi de
*France*, & il couta chér à la Douairiere,
Reine mere, pour en venir à bout. Les
impoftures de la part des *François* dans
cette negociation fe manifefterent afsés,
puisqu'ils rechercherent en même tems
la Princeffe *Marguerite*, Fille du Duc de
*Savoye*, & perfuaderent au Roi d'envoyer cette Princeffe à *Lyon* pour voir le
Roi. On fit cecy dans le deffein de fe
vanter de tiédeur, en cas qu'on ne vint
pas à réuffir dans le mariage projetté,
quoi qu'on y travailloit avec tant de chaleur, que les *François* ne vouloient pas
entendre parler de paix, qu'à cette condition : & la negociation touchant la
Princeffe de *Savoye* ne fut mife fur le
Tapis que pour faire terminer plutôt le
mariage avec la Princeffe d'*Efpagne*, &
obliger le Roi *Philippe* à accepter des
conditions dans ce Traité de mariage
plus avàntageufes, & plus acceptables.
Cela ne s'eft que trop manifefté, puis-

I qu'on

qu'on a renvoyé la bonne Princeſſe de *Savoye* à ſon grand regret, & mécontentement, auſſitôt que les affaires eûrent changé de face. Cependant ſans avoir égard aux menaces, aux inſtances, & autres projets intriguans, le Roi *Philippe* demeura inflexible, & ne voulut pas donner ſa fille au Roi de *France*, à moins, qu'Elle ne renonçât abſolument, & de la maniere la plus ſolemnelle, pour Elle & pour les ſiens à tous les Etats *Autrichiens*, & que cette renonciation ne fut regardée comme un des principaux articles eſſentiels de la paix des *Pirenées*, que la *France* même devoit certifier comme tel par ſerment. *Philippe* plaça cette condition d'un côté avec le Portrait de *Louis* XIV. & de l'autre la monarchie *Eſpagnole*, laiſſant la Princeſſe en pleine liberté de choiſir l'un, ou l'autre, lui étant comme impoſſible de garder la Foi à tous les deux (*n*) la Prin-

(*n*) Les *François* ſont cauſe, ſuivant la Loi *Salique*, que les Princeſſes étrangeres

Princeſſe étoit déja en age de majorité,
de ſorte que par raport à l age il ne restoit aucune difficulté, & Elle aima mieux le preſent qu'un avenir incertain;
Elle choiſit le Roi de *France*. & renonça ſolemnellement pour Elle & pour
ſes deſcendans à toute Succeſſion de la
maiſon d'*Autriche* ( o )&Elle reçût 50000.

Ecus

geres n'aportent pas de grands Etats,
puisque leurs Dames de *France*, mar-
riées à qui que ce ſoit ſont excluës de
toutes ſucceſſions, diſant que les *Lys*
ne filent point; cependant Elles voudroient comme engloutir toutes les
Provinces étrangeres & les incorporer à la *France*. Tout ce que le Roi
acquiert appartient non à lui, mais
au Royaume; ainſi les autres Empires ſe garderont bien de ſe laiſſer
gouverner comme des Provinces, dependantes, ſur tout ſe voyant pri-
vés pour jamais de l'eſperance d'un
affranchiſſement.

o ) La Princeſſe ne ſe reſerva le droit
de Succeſſion, qu'en cas ſeulement qu'-
Elle

Ecus d'or pour ſa dôt. (*p*)  Le miniſtére *François*, qui ne s'oppoſa en rien,
& condeſcendit à tout, fit inſerer la
ſusdite Renonciation; & le contract de
mariage dans le Traité de paix de *Pirenées* (*q*) qui fut ratifié & confirmé de
part:

Elle devint veuve ſans avoir des Heritiers du Roi de *France*.

(*p*) En vertu de ce mariage contracté on
laiſſa bien des Places à la *France*, &
ſans cette Alliance la paix ne lui auroit pas été ſi avantageuſe.  Le tout
bien conſideré fait une dôt, dont *Louis*
auroit pû ſe contenter, au lieu de ſou-
tenir avec abſurdité dans la guerre de
devolution, que la Princeſſe n'avoit
rien apporté, & que ſon Pere l'avoit
privée de ſa Legitime.  Ce Plaidoyer
n'eſt point du tout applicable dans de
telles maiſons, & ne peut avoir aucune probabilité.

(*q*) On convint expreſſément dans le
23. Article de la dite paix; diſant,
„ que quoique ce contract de mariage

part & d'autre par les Sceaux, & le
ferment. Mais qui est-ce qui auroit
crû qu'on enfreindroit & restraindroit
déja en 1667. cette Renonciation contre
les termes exprés, qu'on l'anéanti-
roit & la fouleroit entierement aux pieds
l'an 1700.

## CHAPITRE XX.

LA paix des *Pirenées* ne fut pas plutôt
concluë que les *François* auroient
voulû d'abord la rompre, à l'occasion
d'une dispute de préséance en 1661.
qui survint à l'Envoyé de *Suede*, *Nils
Brahe* à *Londres* entre les Ambassadeurs
de *France* & d'*Espagne*, chacun disputa
la préséance, & se firent couper les
cordons de leurs Carosses, mais l'Ambassadeur d'*Espagne* avoit fait mettre des
I 3                              chai-

„ ge soit separé, il a la même force
„ & vigueur, que le present Traité de
„ paix, comme en étant la partie prin-
„ cipale, & le gage le plus précieux
„ pour sa plus grande sûrété & durée.

chaines dans les cordons du Sien, de maniere qu'il y resta tranquillement. Cependant pour ôter aux *François* tout pretexte de nouvelles mesintelligences, & pour prévenir à l'avenir toute sorte de debats, le pacifique Roi *Philippe* envoya son Ambassadeur à *Paris*, comme ils en étoient convenus, mandant au Roi, que pour éviter dans la suite ces sortes d'inconveniens, on regleroit les choses de maniére, que les deux Ambassadeurs ne pourroient pas facilement concourir ensemble dans les solemnités publiques. Pour recompense de cette complaisance *Louis* joua un tour de fin matois à son Beau Pere, expliquant par le sens des paroles prononcées, la cession de preferance ( *r* ) & fit d'abord cesser l'audience, pour ne pas entendre les protestations des Envoyés *Espagnols*, d'où on peut voir la maniere artificieuse, & maligne dont on s'est servi en tout

( *r* ) Le Roi en sortant de cette audience, dit, *vous voyés tous, que l'Espagne nous cede le pas.*

tout tems, pour reprimer les prerogatives & les droits de la maison d'*Autri-
c/·e*. En attendant les Analogistes *François*, exaltent fort, leur Roi pour avoir
sçu maintenir d'une maniere incomparable la gloire de la *France* dans la personne de son Ambassadeur; ils citent
en même tems le Bombardement de
*Gênes*, dont ils contraignirent le *Doge*,
& 4. Senateurs en qualité de supplians
(*s*) ensuite l'affaire de *Rome*, dans laquelle les Corsaires s'émenciperent. Mais
ils obmettent d'alleguer la patience incroyable avec laquelle ce Roi, pretendu
magnanime, supporta l'affront inoui fait
à son Ambassadeur dans *Constantiuople*,
auquel le Grand *Vizir* donna des souff-
lets

I·4

(*s*) Ils furent forcés à demander pardon
à genoux, sous la Tente du Roi, sous
promesse qui leur avoit été faite, qu'ils
y seroient seuls, lors qu'ils s'agenouil-
leroient, mais étant dans cette postu-
re, on ouvrit la Tente de tous cotés,
de sorte qu'ils servirent d'un spectable
honteux à toute l'armée.

lets dans une audience publique, & pour conclusion un coup de Pantouffle dans le visage; affront que le Roi n'eut garde de vanger, il donna même une mercuriale à son Ambassadeur, pour avoir manqué de respect au Grand *Vizir.* Le Baron de *Lisola*, & le fidele Histori-en de *Puffendorff* s'etendent beaucoup sur ce fait. Pourquoi donc est-ce qu'on a pretendu tant de Satisfaction du Beau Pere, du Grand Evêque, & vicaire de *Jesus Christ*, & d'une foible Republique, pour des offenses legeres? Tan-dis qu'on a passé sur un affront aussi insigne que celui qu'on venoit de faire à l'Ambassadeur *François* à *Constantinople.*

## CHAPITRE XXI.

CEtte dispute de préséance étant heureusement terminée par la sage conduite du Roi *Philippe*, en 1667. la maison de *Bourbon* ralluma le flambeau de la guerre contre *Charles* II. dernier Prince cheri d'*Autriche* de la branche

*Espa-*

*Espagnole* fils unique de *Philippe*, qu'il laissa fort jeune à sa mort. (*t*) Nous avons cy devant fait mention, que la Princesse d'*Espagne* avoit renoncé par son mariage avec ce Prince *François* à tous les Païs Hereditaires de la maison d'*Autriche.* Non obstant tout cela aussi-tôt aprés la mort de son Pere; *Louis* XIV. son Epoux forma une entiere pré-tention sur les *Païs-Bas*, avançant, que *Charles*, né du second Lit de *Philippe* & de *Marie Anne* Princesse *Autrichienne*, ne pouvoit succeder dans les *Païs-Bas*, qu'ainsi ils étoient devolus à son Epouse engendrée du premier lit, & d'une Prin-

I 5                              cesse

(*t*) La veritable raison de cette guerre est fort bien expliquée par *Stockmann in Præmio-Tractatus de Jure devolutionis, in admirationem rapit universum orbem, videre Regnum tam potens firmum atque unitum sub Principe omni felicitate divinitûs cumulato, adhuc de proferendis finibus cogitare : acceptâ occasione, tum. C. NB. ex Pupilli Regis tenerâ ac infirmâ ætate, tum esse administratione Reginæ viduæ Pupilli matris.*

celle *Françoise*. Il fonda cette prétention uniquement fur le foit difant droit
d'Evolution que certains particuliers
dans les *Païs - Bas* avoient adopté, atten-
du que les Enfans du fecond maria-
ge ne participent pas aux acquifitions
que le Pere fait dans le premier. L'U-
nivers entier a remarqué l'injuftice a-
troce & indigne de cette conduite. Le
fameux Baron de *Lifola* l'a trés bien
expofé dans fon Bouclier d'Etat & de
Juftice : non obftant tout cela la *France*
s'étant préparée de longue main, tomba avec une nombreufe armée dans les
*Païs - Bas*, emportant une ville aprés l'autre, & au milieu de fes hoftilités, Elle
vouloit encore perfuader aux autres
Puiffances de l'*Europe*, qu'au lieu de
rompre la paix des *Pirenées*, Elle la tiendroit avec la derniere exactitude. (*u*) L'-
*Efpagne*

(*u*) *Secellus de Republicâ Gallicâ*, jadis.
Lib. 11. dit que quoique le Rois de
*France* n'ont pas été Juftes, ils avoient
au moins fauvé les apparences. *Reges*
*Galliæ*,

*Espagne* ne penfant à rien moins qu'à une rupture, n'avoit encore pris aucune mefures, le Roi étant encore fous la

*Galliæ, quia perfuafionem iftam populi vident fuis rebus neceffariam ad devinciendos animos, etiamfi forte natura & fponte fuâ minùs ad pietatem inclinent, tamen diligenter cavere folent, ne quid publicâ reprebenfione dignum admittant.* Mais depuis deux Siècles ils ont perdu toute ombre de Juftice, & cela va fi loin, qu'on ajoute plutôt fois à ce que promettent leurs Ambaffadeurs d'un caractere droit en leurs noms, qu'à ce qu'ils affurent au nom de leur Principal. On trouve un paffage, dans l'*Anti Machiavel*. Tom. 2. p. 36. *Mazarin* voulant employer M. de *Faber* dans une negociation fcabreufe, ce Marechal lui. „dit, fouffrés, Mon-
„feigneur, que je refufe de tromper
„le Duc de *Savoye*, d'autant plus qu'il
„ne s'agit que d'une bagatelle. On
„fçait dans le monde, que je fuis hon-
„nête homme, refervés donc ma pro-
„bité pour une occafion où il s'agira
„du falut de la *France*.

la Tutelle, & le tout dans la plus grande confusion, rien de plus facile, par consequent, à la *France*, que de conquerir le Comté de *Bourgogne*, & autres Places fortes dans les *Pais-Bas* par cette incursion inopinée. Progrés qu'on auroit encore poussé plus loin, si les voisins ne s'étoient allarmés de l'accroissement des forces de la *France*, & de ce procedé indigne. Ce fut un motif qui obligea la *Hollande*, l'*Angleterre* & la *Suede* à entrer dans la celebre Triple Alliance, pour sauver les *Pais-Bas*, assister la maison d'*Autriche*, & brider l'impudente temerité des *François*. Cette Alliance força la *France* en 1668. à faire la paix, & à rendre le Comté de *Bourgogne*, dont Elle demolit premierement les Forteresses. Cependant Elle arracha une bonne partie des *Pais-Bas* à l'*Autriche*, sans y avoir un pouce à pretendre à juste Titre. Ensuite la *France* se donna de grands mouvemens pour rompre cette Triple Alliance, & pour fomenter la discorde parmi les Alliés, envisageant, que

que l'harmonie des confederés empeche-
roit fes pretenduës legitimes entreprifes, en ce que l'Equilibre de l'*Europe*
étoit leur point de vuë.

## Chapitre XXII.

LA *France* n'eut pas plutôt rompu la
Salutaire Triple Alliance, qu'elle
excita une guerre nouvelle, pour épou-
vanter ceux qui oferoient s'oppofer à
fon orgueil en 1672. Elle attaqua de
toutes fes forces, fans rime ni raifon
les *Hollandois*, comme membrês de la
confederation, aprés leur avoir fuscité
par avance des ennemis dans leur voifinage, favoir le Roi de la Grande *Bretagne*, & l'Evêque de *Munfter*, fe flattant
qu'avec l'aide de ces deux derniers, Elle
pourroit renverfer la Republique. Le
premier motif fut, parceque du tems
de *Crommel* la *Hollande* n'avoit pas donné
un domicile à *Charles*, banni de tous les
Domaines de *France*, quoique proche
parent du Roi, fans la moindre neceffité,

té, & simplement pour l'amour de *Cromwel*. Les *Hollandois* furent traités si bas, par l'arrogance de *Louis* XIV. qu'il ne daigna pas même leur faire une declaration de guerre : agissant avec eux comme avec des sujets Rebelles. Cecy ne devoit être qu'un Echantillon, mais aussi il y avoit un interêt caché, qui étoit de ne pas éveiller les *Hollandois* par un manifeste, mais bien de les surprendre lorsqu'ils ne s'y attendroient pas. (*v*) Projet

(*v*) Les *Romains* tous *payens* qu'ils étoient regarderent les Manifestes comme absolument necessaires dans les guerres justes, & declarent comme Brigands, & homicides tous ceux qui attaquoient leurs ennemis sans cet avis. Nous trouvons cecy en termes exprés dans le Code des Loix. *Hostes sunt qui nobis, aut quibus nos publicè Bellum decernimus.* NB. *Ceteri Latrones aut Prædones sunt Leg. hostes. ff de verb. Sig. Hostes sunt quibus bellum publicè populus Romanus decrevit, vel qui ipsi decreverunt populo Romano.* NB. *Ceteri Latrunculi,*

jet qui réuffi fi bien, que les *François*
s'emparerent dans leur premiere furie
de 3. Provinces. Le Roi d'*Angleterre*
fe laiffa éblouïr par l'éclat des *Louis* d'or
de *France*, & entêter par les Maitreffes
*Françoifes*; mais fon Parlement, qui s'apperçût de quoi il étoit queftion, l'obligea à faire la paix avec la *Hollande*, ne
pouvant fans cela rien gagner fur eux
par

*trunculi, vel Prædones appellantur. Leg.
boftes ff. de captivis.* C'eft pourquoi
ils avoient leurs *Feciales*, qui declaroient la guerre dans toutes les formes,
fans quoi ils la regardoient comme injufte. *Ciceron* s'en rapporte à eux
quand il dit *Lib. I. Offic. At belli quidem æquitas Sanctiffimi Feciali populo
Romano jure præfcripta eft, ex quo in-
telligi datur* NB. *nullum bellum effe juftum, nifi quod aut rebus repetitis geva-
tur, aut denunciatum fit & indictum,*
ainfi ce que les Infidelles *Payens* ont
autrefois regardé comme inique & injufte étoit devenu jufte & équitable
felon le pernicieux principe de *Louis*
XIV.

par mer, ni limiter les tentatives des *François*. Les *Hollandois* revinrent de leur premier étonnement, & opposè- rent mur contre mur. Cependant ils n'auroient pas beaucoup avancé, si la maison d'*Autriche*, tant de la branche *Es- pagnole*, que de cette d'*Allemagne* n'eut pris leur parti, comprenant, que la *France* n'haïssoit les *Hollandois* qu'à cause du secours prété à *Charles* II. Roi d'*Es- pagne* ( *w* ) & vouloit, en les opprimant

se

( *w* ) On ne manqua pas de donner une Tournure à ce procedé, disant que les *Hollandois* avoient été assés superbes, pour laisser la liberté à plusieurs par- ticuliers parmi eux de s'émanciper contre le Roi, par des medailles & au- tres pieces Satiriques. Mais si c'étoit là un motif suffisant pour déclarer la guerre, certainement la maison d'*Au- triche* ne pourroit, ni n'oseroit, pour ainsi dire, mettre bas les armés con- tre la *France*, qui a mis au jour une quantité prodigieuse de Libelles, dans lesquels on s'est efforcé vainement de

noir-

fe faire un droit chemin pour aller inquièter & s'emparer des *Pais-Bas Efpa-
gnoles*, fans compter encore d'autres vio-
lences reiterées par lesquelles la *France*
K con-

noircir les Princes & Princeffes de
cetteAugufte maifon,& pour les rendre
odieux & odieufes à la pofterité, par
des Fables, & autres calomnies, dont
les *François* font capables. Outre cecy pourquoi a t-on pris fi mal les
Sailliés & les bons mots des *Hollandois*, qui n'avoient en cela d'autre but
que de donner des preuves de leur
capacité? *Harlequin* s'eft beaucoup
plaint dans une certaine Comedie de
ce qu'on lui faifoit perdre la vie pour
avoir fait tous fes éfforts afin de devenir favant, & affura n'avoir falfifié la
monoye, que pour l'amour des belles Lettres. Dés qu'on lâche quelque
chofe qui ne quadre pas avec l'interêt
des *François*, on le regarde comme
une injure; mais lorsque la *France* lâche des termes injurieux & des accu-
fations fauffes les autres les doivent
regarder comme des verités & des
complimens à la *Françoife*.

contraignit presque la maison d'*Autriche*
à entrer dans cette guerre. *Frederic Guillaume* le Grand, Electeur de *Brandebourg*
agissoit de concert ontre l'Ennemi commun, & il avoit ses raisons pour le faire ; Cependant la *France* employa tous
ses soins pour l'en empecher par une
diversion qu'Elle lui suggera, par la
marche des Troupes *Suedoises* dans ses
Etats hereditaires ( *x* ). & il n'y eût
per-

(x) Les *Suedois* ont souffert des Domages infinis par cette Alliance, & depuis ce tems là il n'a pas été facile de
leur persuader de devenir les victimes
des interêts de la *France*. *Benoit Oxen-
ftirn*, ce Grand Ministre d'Etat, qui
connoissoit la Cour de *France* mieux
que personne, fit une description
d'aprés Nature des intrigues dange-
reuses de cette Couronne, & des dé-
savantages qu'en retiroient ses Alliés.
C'est à dire, que depuis le tems de
*Guftave Adolphe* jusqu'à la dernière
guerre, on avoit un nombre infini
d'exemples, que la *France* ne se fer-
voit

perfonne qui reffentit plus les excés de
fa rage, que les *Pais - Bas Autrichiens*, qu'-
Elle attaqua de tous les cotés, & dans

K 2                                     tous

voit du fecours de fes Alliés, que pour
fon propre interêt, & pour faire réuffir fes deffeins indignes.    Bien loin de
faire quelque chofe pour eux par amitie, & par reconnoiffance,    Elle les
a toujours trompés pour les recompenfer de leur candeur & de leur fin-
cerité.    Les 3. Million, que la *Suede*
a reçû pour foutenir les frais de la
derniere guerre; lui en ont couté plus
de 50. autres, & pour comble de malheur Elle a perdu la gloire qu'Elle s'é-
toit autrefois acquife par la valeur de
fes armes.    Ce difcours nerveux nous
a été communiqué par *Puffendorff*,
qui étoit juftement en *Suede*, où il fe
fit rendre ce temoignage, qu'on ne
peut pas revoquer en doute. *De Rebus*
*geftis* Friderici Wilhelmi *Electoris*
*Brandenburgici* Lib. 18. §. 76. p. 1455.
Les Alliés des *François* d'aujourd'hui
devroient reflechir fur eux mêmes,
pour n'être pas obligés d'atefter un
jour la verité de ce difcours par leur
propre Exemple.

tous les endroits qu'Elle pût. Elle excita les *Siciliens* à se revolter, & dans
ces pernicieuses circonstances Elle s'empara des plus belles & des meilleures
Places de ce Royaume, sous l'indigne
pretexte de vouloir prendre cette Isle
infortunée sous sa protection; mais Elle
ne pû pas s'y maintenir longtems, s'é-
tant déja mise en mauvaise reputation
parmi les habitans, de sorte qu'Elle
craignoit de nouvelles Vêpres *Siciliennes.*
(*y*) de maniere que ces pretendus pro-
tecteurs

(*y*) Lorsqu'un jour *Henry* IV. fit de
grandes Rodomontares, disant, „qu'il
„ vouloit aller déjeuner à *Mantouë*,
„ entendre la Messe à *Rome*, & diner
„ à *Naples.* „ L'Ambassadeur d'*Espagne* le fit rougir de son ostentation
par sa presence d'Esprit, en lui repon-
dant, „Sire, si vous Allés si vite, Vo-
„ tre Majesté arrivera sûrement aux
*Vêpres Siciliennes.* „ Cette reponse
n'a pas été du gout des *François*, ainsi que Thom. *Facellus* le remarque dans son Histoire, de *Sicile*,
*Decade posteriori.* Lib. 8. Cap. 8.

tecteurs *François* s'en retournerent hon-
teufement & à grands pas chés eux,
abandonnant les Rebelles à leur legitime Souverain, en permettant toute fois
à quelques Auteurs de cette Confpiration d'abandonner leur Patrie, & de les
accompagner en *France*, pour éviter les
fevéres chatimens qu'ils avoient fi bien
merités. Mais les *François* en uférent fi
mal à l'égard de ceux qui s'étoient fié à
leur parolle, qu'on à vû des Princes *Siciliens* à *Paris*, qui pour ne pas abfolument mourir de faim, ont été reduits
à la dûre neceffité de fervir en qualité
de maitres de Langue *Italienne*. A la
paix de *Nimegue* en 1678. la *France* ne
s'eft enrichie que des Provinces *Autrichiennes* : Car Elle reftitua aux *Hollandois*
toutes celles qu'Elle leur avoit ufurpées :
& il n'y eut que la feule maifon d'*Autriche* qui fut obligée de lui ceder la *Franche*
Comté, & autres Places magnifiques des
*Païs - Bas.* (z)

K 3                                              CHA-

(z) L'unique moyen par lequel la *France*

## CHAPITRE XXIII.

IL n'y avoit pas encore deux ans que cette paix étoit concluë, que la *France*, entama toutes fortes de prétentions pour mortifier de nouveau la maifon d'*Autriche*. On ne voulu plus fouffrir le nom de *Bourgogne* dans fes Titres. On fe donnoit des airs de protection par mer, prétendant, que les vaiffeaux *Efpagnols* devoient baiffer les voiles à la rencontre des Galiottes *Françoifes* & les recon-

ce obtint cette paix avantageufe, ce fut par la feparation des Alliances faites contre Elle, perfuadant un Allié aprés l'autre de faire des paix particulieres. Les *Hollandois* mordirent les premiers à l'hameçon. Tour que la *France* a presque toujours joué, & auffi longtems que cet art fera en vogue, il fera difficile de forcer la *France* à une paix folide. Les Alliés obtiendront beaucoup plutôt leur Satisfaction en reftant unis, qu'en cherchant uni-

reconnoitre pour maitres de l'Ocean, on demandoit certains Païs dont la situation avantageuse à la *France* leur tint lieu de droit, ne pouvant produire d'autres meilleures raisons. *Louis* XIV. s'empara, sans perdre du tems des villes de *Cortrecht*, de *Duxmunden,* aussi bien que *Luxembourg*, n'alleguant que des subterfuges mal fondés, & fit en un mot tout ce que bon lui sembla. Pendant ce tems là les *Turcs* devinrent extrémement

K 4 puis-

uniment, & séparément leur interêt particulier, en abandonnant leurs confederés. La *France* s'engraisse de cette façon, & extorque quand elle en trouve l'occasion ce qu'Elle accorde à l'un ou à l'autre par ces Traités particuliers, ne regardant pas cette façon d'agir comme tortionaire à la paix universelle, & alors il est bien plus difficile de contracter de nouvelles Alliances, que de conserver les Traités anciens & generaux. La paix de *Nimegue* à ôté beaucoup de Païs à l'*Empire*, & celle de *Riswick* en a arraché aussi plusieurs.

puiſſans , & la *Chretienté* étoit en grand
danger. Donc pour defendre ceux-cy ,
& s'oppoſer à ce Torrent , la maiſon
d'*Autriche*, toujours vigilante pour pourvoir à la ſureté des *Chretiens* ſe ſurpaſſa,
pour ainſi dire Elle même, choiſiſſant de
deux maux le moindre , & conſentit à
la Tréve de *Ratisbonne*, en 1684. dans
laquelle on accorda à la *France* affamée
des biens d'autrui , pendant l'eſpace de
20. ans tout ce qu'elle convoitoit , mais
cela n'étoit pas encore aſſés pour la raſ-
faſier. L'indulgence & la douceur ne
la rendirent que plus éffrontée , & temeraire en recommençant continuellement de nouveaux troubles. Elle fit tant
que 4. ans aprés le feu de la guerre ſe
ralluma & attaqua auſſi la maiſon d'*Au-*
*triche* de la branche *Eſpagnole*, & mit
les *Païs Bas*, la *Catalogne*, & l'*Italie* à
deux doigts de leur perte ; Elle dura 9.
ans de ſuite , & ne s'éteint qu'en 1697.
par la paix de *Riswick*. Le Roi *Louis* ſe
préta à cette paix non par amour pour
le repos, mais par envie de recommencer

cer une nouvelle guerre, à laquelle il s'étoit preparé de longue main, sachant que le Roi d'*Espagne* dont la santé étoit toujours languiffante, étoit fans heritier, & que par confequent il auroit l'avantage fur lui, c'eft pourquoi il forma quantité de projets pour pêcher en eaux troubles aprés le decés du Roi, pour exciter des nouveaux defordres, & pour ufurper, fi non toute la monarchie *Espagnole*, du moins une bonne partie.

## CHAPITRE XXIV.

TEls furent les maux, les injuftices, & les avanies que *Louis* XIV. caufa à la maifon d'*Autriche* de la branche *Espagnole*, jusques à fon extinction; mais fa conduite a été encore plus mauvaife envers la maifon d'*Autriche* de la branche d'*Allemagne*, qui fleurit encore aujourd'hui dans l'Augufte perfonne de l'Imperatrice Reine d'*Hongrie* & de *Boéme*, pour la confolation de fes Païs heredireditaires, & pour être l'appui de l'*Em-pire*, & les delices des bien Intentionés de l'*Europe*, & la Protectrice de la *Chretienté*. On a fait pendant un nombre d'années des difficultés pour reconnoi-tre au commencement *Ferdinand* III. pour Roi des *Romains*, & enfuite, aprés la mort de fon Pere, *Ferdinand* II. pour Empereur, & on fufcita tant de diffi-cultés mal à propos, qu'on lui auroit presque difputé la Couronne Impériale qu'il poffedoit fuivant le choix unanime des Electeurs. Mais comme tout cecy fe termina par la paix de *Weftphalie*, les *François* firent aprés tous leurs éfforts pour exclure tout d'un coup fon fils & Succeffeur *Leopold* le Grand du Trône Imperial d'*Allemagne*, en fe fervant de la force, de la violence, des rufes, & des menaces pour dépouiller la maifon d'*Autriche* de cette haute dignité, & de fes prérogatives, & pour priver l'*Alle-magne* du puiffant fecours de cette Au-gufte maifon, la *France* fe flattant de la vaine efperance, que l'*Empire* deviendroit

com-

eomme un Jeu de Paume, où chaçun
jette sa bale tour à tour, & qu'Elle trouveroit le moyen de demembrer l'*Empire*,
& de s'en approprier peu à peu, pour
se rendre la maitresse absoluë du Diadéme Impérial. *Louis* XIV. prit non
seulement la liberté de proposer d'un
ton imposant aux Electeurs des Competiteurs à sa fantaisie, du nombre des
quels les principaux étoient le Duc de
*Savoye*, l'Electeur de *Baviere*, & le Comte *Palatin* dë *Neubourg*; quoiqu'enfin il
fit mettre dans ce nombre l'Archiduc
*Leopold Guillaume* de *Tirol*, mais l'Archiduc *Leopold* Roi de *Hongrie* & de *Bohéme*
reçût l'exclusion, comme si *Louis* avoit
eû une voix negative à donner à l'Elle-
Etion d'*Allemagne*. Il se flatoit aussi d'a-
voir engagé dans son parti les Freres
de *Fürstemberg*, chose qui le rendit si
vain & si hautain, qu'il déclara ouvertement aux Cours Electorales, qu'il
traiteroit en ennemi quiconque donneroit sa voix à l'Archiduc d'*Autriche* (*a*)
Par

(*a*) On ne peut pas revoquer en doute ces
mena-

Par de telles intrigues l'Election de l'Empereur traina prés de 16. mois, jusques à ce qu'enfin les Electeurs s'apperçurent des pernicieuſes intentions de la *France*, & ſurtout la *Saxe* Electorale, qui repreſenta, que les Archiducs d'*Autriche*, pleins de moderations avoient eû de tout tems en horreur tout ce qui approchoit de la violence, & qu'on ne de-

menaces *Françoiſes*. L'Electeur de *Brandebourg*, *Frederic Guillaume* les rapporte lui - même entermes précis dans une Conference qu'il eût avec l'Electeur de *Saxe* en 1657. le premier de Decembre, où il lui demanda ſon avis. *Num ponderis alicujus habendæ ſint minæ Gallorum aperté jactantium hoſtis loco ſe habituros, ſi quis Auſtriaco Suffragium det.* Voyés *Puffendorff de rebus Brandenburgicis* Lib. 7. §. 33. p. 418. On fit jouer tous les reſſorts, même l'âge de *Leopold* fut mis ſur le Tapis, ſavoir qu'il n'avoit pas encore atteint ſa 18. année, étant par conſequent incapable de prêter ſerment ſur la Capitulation.

devoit pas prendre à cœur les menaces
de la *France* jusques au point d'abandonner pour ſes raiſons frivoles une ſi puiſ-
ſante maiſon, & dont le merite diſtin-
gué étoit ſi bien connu à toute l'*Europe*,
& que ſi on lui dónnoit l'excluſion,
l'*Empire* ſe rendroit Eſclave de la *France*,
& qu'il ſeroit obligé de donner ſes voix
à un Empereur qui ne manqueroit pas
de devenir le Penſionnaire de cette am-
bitieuſe Couronne, pour y maintenir
ſa dignité : & que cela deviendroit une
choſe indigne du nom Allemand (*b*).
II

(*b*) *Neminem non* Auſtriacum *modera-*
*tione uſum ac a præcipitibus conſiliis ab-*
*borruiſſe* Gallorum *minas tanti non fa-*
*ciendas, ut ideo tam potens & benè me-*
*rita domus prætereatur; quâ excluſâ n l*
*aliud ſit ſecuturum, quam ut aut Impe-*
*rium* Gallo *ſubjiciatur nullis* Cæſar *eli-*
*gatur, cui à* Gallo *Argentum ſuſtentan-*
*dæ dignitati ſit ſuppeditandum fæda cum*
Germanici *nominis ignominia.* Il fait
encore cette obſervation remarquable.
*Olim circa eligendos* Cæſares *magnitu-*
*dinem*

Il y en eût quelques uns, qui, par l'inftigation de la *France*, mirent une queftion fur le Tapis, laquelle étoit de favoir, „s'il ne feroit pas plus avantageux
„ aux Princes d'*Allemagne* de fe choifir
„ un Empereur pour lequel ils ne fe-
„ roient pas obligés d'avoir tant dé-
„ gard? „ Mais l'Electeur de *Saxe* leur
fit comprendre, que les Electeurs n'a-
yant plus tous les égards & le refpect
qui font dûs au chef de l'*Empire*, ils avi-
liroient par là leur propre dignité. (*c*)
Ce Patriote fincére ne voyant point d'autre

*dinem opum fpectare haud neceffe fuiffe,
florente ordinum concordiâ ac in Cæfa-
rem. Veneratione, cui & ubi res exe-
gerit promptè opibus operâque adftiterint.
Sed nunc venerationem iftam ad modum
refrexiffe. Ordines factionibus diftra-
bi; & nibil certiùs quam Germaniam
fub debiti Cæfare in Diffolutas Scopas
babituram. Puff. Lol. p. 418.*

(*c*) *Electores, fi caput Imperii parvi pendant fuæ dignitati eo ipfo detrahe-
re.*

tre moyen pour terminer ces intrigues, & pour faire accellerer l'Election qui tiroit toujours en longueur, il alla lui même, fuivant le Confeil de l'Electeur de *Mayence* à *Francfort* fur le *Meyn*, pour être prefent à cette Election, & arreta par fa prefence, par fa fageffe, & fon courage les deffeins frauduleux de la *France*. Il réuffit heureufement, de forte, que malgré toutes oppofitions l'Archiduc fut unaniment élu Empereur en 1658. le 18. Juillet, & Couronné 4. jours aprés au milieu des acclamations de joye de toute l'*Allemagne*. Couronne que fes Ancêtres ont portée avec tant de marques de diftinction, & protegée avec

---

*re.* Touchant l'âge de *Leopold* le fage Electeur repliqua à cette futile obje-
ction. *Prudentiam non femper annis conjunctam, ac experientiâ conftare à Juvenibus fæpe melius Imperium geri quam à fenibus. Etiam prudentiff.mo Principum Confiliariis opus effe, ac fine labe neminem reperiri.* Puff. Lib. 7. §. 33. p. 418. & 419.

avec un fi grand zèle. ( *d* ) Quoique
la maifon de *Bourbon* ait expofé aux yeux
de tout le monde par cette conduite
une nouvelle marque de fon arrogance,
de fon animofité & de fa haine implacable contre la maifon d'*Autriche*, donnant par là un ample fujet à un reffen-
timent des plus vifs, & furtout en ce
que

(*d*) Depuis que l'Empire *Allemand &*
*Romain* fubfifte, aucune maifon n'a
produit tant d'Empereurs que la maifon d'*Autriche*. L'Empereur défunt
*Charles* VI. de glorieufe memoire, a
été le XVII. de cette maifon Archiducale, & ce qu'il y a de plus étonant,
c'eft que trois Siécles fe font écoulés,
pendant lesquels l'*Allemagne* a conftamment, & fans interruption élu des
Empereurs *Autrichiens*, quoiqu'on fe
foit donné bien des fois des peines in-
croyables pour en detourner les Electeurs, & dans cet ordre l'Empereur
*Charles* VI. étoit le XII. preuve con-
vainquante, que les *Allemands* ont été
très contens fous leur Gouvernement
& protection.

que *Louis* vouloit, mais en vain, donner à entendre qu'il étoit intentionné
de vivre en bonne intelligence avec la
maiſon d'*Autriche* en *Allemagne*, dans le
même tems qu'il faiſoit élater ſon inimitié ſi marquée contre Elle. On n'a
cependant jamais entendu dire, que
*Leopold* ait commencé, pour s'en vanger, aucune guerre, ou fait des incurſions en *France*, quoiqu'il avoit plus de
raiſon d'en agir ainſi, que *Louis* XIV.
n'en avoit pour attaquer cette Auguſte
maiſon par des guerres inopinées qu'il lui
a ſuggerées tant en *Allemagne* qu'en *Italie*.

## Chapitre XXV.

IL ſembla en 1663. & 1664. que *Louis*
vouloit un peu ſe deſiſter de ſa haine inveterée, abandonnant pendant quelque tems la parfaite intelligeance qu'il
avoit contractée avec la *Porte Ottomanne*,
& qu'il rendroit enfin un bon office à
la maiſon d'*Autriche* aprés lui avoir fait
tant d'avanies, en envoyant à l'Empe-

reur quelques Regimens contre les *Turcs*, qui lui aiderent à remporter la Victoire de *St. Gothard*. Cecy fut seulement la premiere fois que la maison de *Bourbon* prit le parti de celle d'*Autriche* : Aussi les *François* s'en vanterent extremement, & s'attribuerent même toute la victoire, comme si les autres Troupes *Chretiennes* y étoient demeurées les bras croisés, ils ne discontinuent pas même de parler jusques à ce jour, avec beaucoup d'ostentation, de leur secours & de leur bravour dans cette rencontre. Nous leur laissons la gloire qu'ils s'y sont acquise, mais on laisse aussi à juger de ces gasconades à tous ceux qui savent qu'il n'y avoit en tout que 8000. *François*, que les *Turcs* auroient environés & coupés, si on ne leur avoit pas envoyé un détachement à tems pour les tirer du danger où ils alloient être exposés. Ceux, qui connoissent l'histoire de ce tems là, pouvent juger de cette fanfaronade : ils savent aussi qu'alors les *François* ne firent que de trés petits progrés sur l'Isle de

*Can-*

*Candie* contre les *Mahometans*, nuifant plus aux *Venitiens*, par leur fougue & étourderie; qu'ils ne les aiderent. (*e*) Mais les Politiques commencerent à fe douter par plufieurs raifons des vuës fincéres de ce fecours envoyé en *Hongrie*, & l'evenement à fait voir qu'ils ne fe font pas trompés dans leurs conjectu-

L 2                                        res;

(*e*) Cette faute des *François*, de ne fe pas comporter avec toute la prudence, lordre, & le fang froid qui font requis dans leurs actions, entreprenant tout avec chaleur & impetuofité, a déja été critiquée par un de leurs Compatriotes, le celebre Baron de *Silbon*, traitant d'aveuglement ce qu'ils taxent de vertu, difant dans fon Miniftre d'Etat part. I. Lib. I. au 10. dialogue. ,, C'eft une condition miferable ,, de notre humeur *Françoife* & un ef- ,, fet de notre aveuglement, qui fe ,, font emparé de presque toute la ,, *France*, de ce que nous negligeons ,, la prudence, l'ordre, & le fang ,, froid, pour n'eftimer que la teme- ,, rité, & n'adorer que le courage. ,,

res ; parceque les *François* firent tous leurs Efforts dans cette occafion pour empecher de pouffer la victoire, afin d'en tirer par devers eux des avantages effentiels, en s'informant des fecrets les plus cachés du Royaume, en fondant les efprits à l'égard de leur Souverain & pour voir fi la *France* ne pourroit pas un jour exciter un feu qui étoit caché fous les cendres, ou du moins l'entretenir. Auffitôt que la *France* eut réuffi, comme Elle le defiroit dans ce pernicieux deffein, Elle rappella immediatement fes Troupes, & cela dans un tems où on en avoit le plus de befoin, & pendant leur route Elles fufciterent encore beaucoup de mésintelligences parmi quelques Grands. Les préparatifs que la *France* faifoit déja alors par raport aux *Pais-Bas*, attirérent toute l'attention de l'Empereur *Leopold*, & l'obligerent jusques au point de confentir à un armiftice de 20. ans avec les *Turcs*, pour ne pas perdre de vuë les Machinations des *François*, & afin de ne fe pas

com-

compromettre avec deux Puiſſances ennemies. De tout cecy nous pouvons donc
conclure, que ce prétendu ſecours de la
*France* a été beaucoup plus nuiſible à
l'Empereur, en arrêtant ſes conquêtes
contre les Infidelles, qu'avantageux aux
armes de la maiſon d'*Autriche*.

## CHAPITRE XXVI.

LOuis XIV. ayant remarqué avec bé-
aucoup de déplaiſir, que la mai-
ſon Ducale de *Lorraine* ne s'étoit pas toujours conformée à ſes Idées fantasques,
& que ſes Etats étant ſitués au centre
de la *France*, & de l'*Empire* l'avoient ſouvent empeché de pouvoir ſurprendre
l'*Autriche* ſelon ſes deſirs. Et pour cette raiſon il y avoit déja longtems qu'il
avoit medité la ruine totale de l'incomparable Duché de *Milan*, ou d'obliger les
Ducs à devenir ſes Vaſſeaux, ou de s'en
rendre le maitre abſolu, afin d'avoir plus
de forces, & un chemin plus ſûr, par
cet accroiſſement, pour attaquer, ſans

L 3                      crainte

crainte de refiftance, foit l'Empire *Allemand*, foit les *Pais - Bas*. (*f*) Nous avons
remarqué en partie (*g*) la maniere dont
*Louis* XIII. s'eft fervi pour chaffer, fans
la

(*f*) Les *François* fe vantérent d'avoir
veçû en paix avec cette illuftre maifon, auffi longtems qu'Elle ne s'eft
pas adreffée à celle d'*Autriche*, mais
outre que cecy ne pouvoit être un
motif pour lui déclarer la guerre, Jean
Fel. de *Ludewig* leur a fort bien repon-
du dans fa *Lotharingia Vindicula* cap.
2. §. 1. p. 31. *Temperabant fibi per aliquot fecula à Lotharingiæ Invafione Galli, non quod animus verum occafio & vi-
res deeffent.   Bellis nempe inteftinis atque anglicanis impediti manus à Lotha-
ringiâ cohibebant : rerum enim facie mu-
tatâ priftinam Ducatum hanc devocandi
cupiditatem hujus Seculi initio maximâ
Ducum Lotharingiæ calamitate Manife-
ftum fecere.*

(*g*) *Louis* XIII. tomba inopinément fûr
les bras de ce Duc en 1631. & épou-
vanta tellement la Ducheffe Mere, qu'-
Elle

la moindre raison en 1653. le Duc *Charles*,
& pour arreter son frere *Nicole François*,
sur lequel toute l'esperance de la Famille Ducale étoit à lors fondée, & dont
la posterité fleurit & augmente encore
maintenant en la personne de nôtre trés
Auguste Empereur regnant, comment
il rendit 7. ans aprés ce païs saccagé,
mais s'en saisissant aprés de tems en tems :
& aussi de quelle manière *Louis* XIV.
le ceda au Duc en vertu de la paix des
*Pirenées* sous de dures conditions, aprés
L 4 l'avoir

Elle en mourût. Voyés le Théatre
de l'Europe : Tom. I, p. 146. Il l'obligea dans ces tristes conjonctures à
lui livrer *Marseilles*, avec promesse de
ne plus assister la maison d'*Autriche*
avec laquelle *Louis* fit pourtant mine
de vivre en bonne intelligeance. L'-
année suivante on lui prit *Clermont*,
*Stenai*, *James* & autres Places, & il
fallut réiterer l'assurance de ne pas secourir l'*Autriche*; lorsqu'il fortifia la
ville Capitale de *Mauzi*, on la lui ôta
encore; jusques à ce qu'on le bannit
de tous ses Etats en 1633.

l'avoir rongé presqu'entierement , & desarmé par la violence de ſes Troupes, (b) ce qui étoit un procedé aſſés rude, mais rien en comparaiſon de l'attentat que le Roi fit en 1662. voulant dans ce tems là depouiller toute la maiſon Ducale de ſa dignité, de ſa Puiſſance & de ſes Etats, & les annexer à la *France*, ils avoient ſi bien joué leur Role à l'occaſion d'un mariage dont on étoit convenu entre le Jeune Duc *Charles*, unique heritier du Duché & du Grand Pere de l'*Empereur* preſent, avec la Princeſſe de *Nemours*, qu'il ſurvint une grande mesintelligence entre le vieux Duc & ſon Jeune Couſin. L'affaire fut embrouillée jusques au point, que *Louis* profita des premiers tranſports du vieux Duc, au declin de l'âge, imprudent, & volage, qui vendit à la *France* le Duché entier

(b) La reſtitution du Duc ſe trouve dans les articles de paix des *Pirenées* au 62. & 74. §. mais on lui retint bien des Places, & Païs conſiderables. Voyés la dite paix §. 62. 63. & 64.

tier & fans retour pour une vile fomme,
& une vaine Efperance. (*i*) Pour reconnoiffance duë *Louis* le chaffa en 1670.
de fes païs avec fon monde, l'obligeant,
tout caffé qu'il étoit d'entrer un Service
Militaire de l'Empeur, 5. années aprés il
finit fes jours comme en Exil, mais il
ne finit pas les miferes qu'il avoit caufé
L 5
à fon

(*i*) Le Duc ceda la *Lorraine* au Roi, fous
condition qu'on payeroit à lui & aux
Provinces de *Lorraine* certains revenus & que fes defcendans devoient
s'attendre à fucceder au Trône *François*, fi la Lignée des *Bourbons* venoit
à s'éteindre, à l'exclufion de tous les
autres Princes du Sang, pour fe con-
foler de l'heritage perdu. Ce Traité
fe trouve tout entier dans les Recueils
des Traités de paix de *Léonard*. Tom.
3. Mais plus les Princes de *Lorraine*
protefterent contre cette ceffion, plus
auffi les Princes du fang s'oppoferent-
ils à cette Succeffion, & le Parlement
de *Paris* n'enregiftra cet acte, qu'à
condition, que les Princes intereffés
y confentiroient.

à fon illuftre maifon, & à fes fidelles
fujets, par fa trop grande precipitation.
(*k*). Quoique le Jeune Duc portâ des
pleintes améres au Roi contre ces injuftices criantes, & dont ce même Roi
étoit l'unique Auteur, celui-cy fut inflexible, lui laiffant à peine l'efperance,
qu'on lui accorderoit quelques endroits,
& revenus en *France* pour fubfifter.
Com-

(*k*) *Charles* reconnut bientot l'injuftice
à laquelle on l'avoit engagé, & s'en
alla de *Paris* fans prendre congé du
Roi, & dés qu'il fe vit en païs de
fureté il écrivit au Chancelier de *Fran-*
*ce*, que le Traité conclut ne pouvoit
fubfifter, vû qu'il ne l'avoit foufcrit,
qu'en fe refervant la Ratification de
fes *Cognats*, & que puifque ceux cy
refufoient de s'y prêter le contract
étoit annullé. Le Roi tenta de lui
tendre de nouveaux piéges l'année
fuivante, mais ils eûrent le même
fort, jusques à ce que le Roi le chaffa de fon Duché en 1670. & qu'il
mourût enfin le 18. Septembre en
1675.

Comme fi un Prince magnanime, au
lieu de garder fon ancien Duché hereditaire pouvoit trouver quelque dedo-
magement en devenant l'efclave de la
*France*, & en fe laiffant indiquer par
grace quelques Païs dans le cœur de la
*France*, qu'on pouvoit lui confisquer à
la premiere occafion. Le Duc voyant
enfin que fes reprefentations ne pro-
duifoient aucun effet fur l'efprit de ce
Roi injufte & inique, il s'éclipfa hors
de la *France* à la fourdine, y étant
continuellement tourmenté, & detenu
comme un prifonnier, il fe retira à
la Cour d'*Autriche*, qui eft le Refuge
des Princes malheureux, il y fut con-
duit comme par un ordre de la divine
Providence, qui lui en fournit les moyens. Certes quand on péfera bien toutes ces circonftances, on reconnoitra a-
vec étonnement dans ce cas-cy le doigt
du Tout Puiffant, qui lui a montré le
chemin pour faire connoitre à tout l'U-
nivers fes vertus incomparables, fes ra-
-res talents, & fon courage extraordinaire,

naire, en portant jusqu'au plus haut point la gloire de fa maifon opprimée. Car avec quelle Prudence, quel courage, & bonheur n'eft-il pas venu en 1683. delivrer *Vienne*, Capitale d'*Autriche*, en mettant des bornes aux cruautés des *Ottomans*, & en fauvant la *Chretienté* presque reduite aux abois? Il defendit la maifon d'*Autriche* en *Hongrie*, & enfuite l'*Empereur* & l'*Empire* contre les perfidies de la *France*: actions qui ne feront jamais oubliées, & qui ferviront toujours de modeles fur lequels les autres Heros doivent fe conformer. La reconnoiffante maifon d'*Autriche* ne fçût mieux recompenfer les merites diftingués de cet admirable Heros, que par un heureux mariage avec la Reine douairiere de *Pologne*, *Eleonore Marie*, fœur du Grand *Leopold*, & ce mariage fe fit en 1678. dont la pofterité a été fi benie, que fon petit fils l'*Empereur* d'aujourd'hui, en époufant l'Augufte Imperatrice Reine d'*Hongrie* & de *Bohême*, a tout lieu d'efperer, que fes fils jouïront un jour

jour de tous les Etats hereditaires de la
maison d'*Autriche*, pour la defence desquels fon grand Pere a pris les armes
avec tant de valeur & de fuccés. Outre
cela l'Empereur *Leopold* fit tout fon poffible pour retablir le Duc *Charles*, fon
beau-frere dans fes païs ufurpés. On
en traitta amplement à la paix de *Nimegue*; mais comme la *France* ne voulut
rendre le Duché qu'à des conditions trop
dures (*l*) que ce Grand Prince dedäi-
gna,

(*l*) On trouve ce qui a été refolu fur ce
fujet dans la Traité de paix de *Nimegue* depuis le 12. Article jusques au
22. Au refte *Samuel Puffendorff* en par
le fuffifamment, difant fort à propos,
Liber 16. §. 35. pag. 1209. & Lib. 17.
§. 15. p. 1225. §. 38. pag. 1319. des
affaires de *Brandeburg*, annotant,
que le Roi de *France*, prétendoit garder le Duché de *Bar*, *Marfal*, & *James*, & outre cela 4. chemins differens
le long de la *Lorraine*, chacun d'une
demie lieuë de Largeur. *Atqui prae-
ter iftas trés Munitiones, quas Gallo ce-
dere*

gna, & ne voulant pas fruſtrer l'*Europe* d'une paix Generale, par l'accrochement de cet article, il prit la reſolution de laiſſer plutôt pour un tems ſon Duché entre les mains de l'uſurpateur, que de conſentir à des propoſitions contraires à ſa dignité, à ſa Grandeur d'ame, & à ſa liberté. Aprés ſa mort, qui arriva le 18. Avril 1696. *Leopold Joſephe*, ſon fils fut remis en poſſeſſion de ſes Etats, que les *François* avoient retenus pendant 28. ans ce qui arriva à la paix de *Riſwik* en 1697.

## CHAPITRE XXVII.

LA *France* s'imagina que les deux grands moyens de parvenir à la monar-

*dere jubebatur Duci ne Arcem quidem ſuper eſſe plus ipſi ſecuritatis, quam provinciali cuipiam nobili ſit, nec integrum ei fore vel Leporem venari quo minus aliquem locorum tangat quæ Gallus intranſitum ſibi depoſcit licium materia ſit de futura.*

monarchie univerſelle, étoient de bou-
leverſer la maiſon d'*Autriche* & de s'emparer de la *Pologne* : Parceque comme
*Louis* XIV. cherchoit à ſe rendre maitre
de la *Lorraine*, afin d'attaquer l'*Autriche*
par devant, ſon but étoit de mettre ſur
le Trône de *Pologne* un Prince *François*,
afin de faire diverſion à l'*Empereur* dans
ſes Etats hereditaires quand bon lui ſem-
bleroit, & d'entretenir plus facilement
la communication avec les *Turcs* pour
diviſer par ce moyen les forces *Autrichiennes.* Le Royaume de *Pologne* ſetrou-
va reduit dans un Etat ſi pitoyable ſous
le Regne de *Jean Caſimir*, par la force
des armes combinées & victorieuſes de
*Charles Guſtave* Roi de *Suede*, & de *Frede-
rich Guillaume.* Electeur de *Brandebourg*
que le Roi ne ſe vit plus en ſureté dans
ſon propre Royaume, & contraint de ſe
refugier dans les Etats d'*Autriche.* Le
Roi de *France*, qui ne vouloit pas paroitre comme prenant la defenſe de qui
que ce fut, toujours dans le deſſein de
faire tort à la maiſon d'*Autriche*, ſe tint
fort

fort tranquile pendant que les *Turcs* en 1672, firent de si grands progrés en *Pologne*, & que là Republique, sans chef, cherchoit le secours de la *France* ; le Roi *Louis* ouvrit les portes du lieu de fran-chise par ces parolles consolantes, ,,que ,, s'il dependoit de lui il exciteroit non ,, seulement les *Turcs*, & les *Tartares* ,, contre eux, mais encore le diable ,, même. ,, Dans la derniere guerre *Suedoise* en 1709. La Republique fut pressée au point de quitter *Auguste* leur Roi legitime, & de faire le Comte de *Lascinsky* leur chef, mais la *France* ne pensa à rien moins qu'à delivrer la Republique de l'oppression des *Suedois*, & quoiqu'Elle a de nos jours fait beaucoup de bruit de sa protection prétée aux *Polonois*, & de laquelle ils se seroient bien passé, il n'en fut pas question à lors, & il n'y eût personne que la mai-son d'*Autriche*, qui prit la defense des *Polonois* abandonnés de leur Roi exilé, & de la Republique tourmentée : Elle réunit les esprits divisés, Elle reconcilia
l'Electeur

l'Electeur de *Brandebourg* avec la *Pologne*,
& le rendit d'ennemi, allié. Elle envoya aussi ses propres Troupes contre les
ennemis des *Polonois*, & obligea en 1660.
les *Suedois* à faire la paix d'*Olive*; Elle
retablit le Roi sur le Trône, la Republique dans ses droits, & le Royaume dans
une profonde tranquilité. Tant de
Bienfaits signalés engagerent les *Polonois*
à promettre, que dans une Election à
venir, ils songeroient particulierement
à la maison d'*Autriche*, à laquelle ils furent pour cette fois redevables du retab-
blissement & du soutient de leurs Con-
stitutions, de leurs Liberté, & de leur
repos. Cecy causa beaucoup de peine
à la *France*, qui forma une quantité de
projets, pour priver la maison d'*Autriche*
d'une si belle esperance, Elle se servit
donc Elle même de cet avantage, en
remuant, pour ainsi dire, Ciel & Terre pendant la vie du Roi *Casimir*; parceque son Epouse, qui étoit une Princesse *Françoise*, de la maison de *Nevers*,
avoit un grand ascendant sur son esprit,

M &

& qu'Elle avoit pour adherans les *Polonois* de la premiere volée, & se flattoit de gagner le reste à peu de frais. La *France*, pour parvenir à son but dans cette occasion, insinua malicieusement, & de nouveau aux *Polonois* des inquiétudes chimeriques au sujet du pouvoir de la maison d'*Autriche*, & du danger prétendu que couroit la Republique, pour éluder l'acomplissement de leurs promesses, & arreter en beau chemin l'Archiduc *Charles Josephe* sur lequel les *Polonois* faisoient le plus de Reflexions; de l'autre côté on exalta infiniment l'intrepidité du Prince *Louïs* de *Condé*, & on ne pouvoit assés exagerer l'avantage que la *Pologne* retireroit de cette Election, & de l'Alliance des *François*, qui lorsqu'ils s'imaginoient que cette affaire alloit réussir selon leurs desirs, la Reine, qui étoit si devouée à leurs interêts, mourut. Les *François* soupçonnant que le Roi pourroit changer de sentimens aprés la mort de son Epouse, & recommander un Prince *Autrichien* par inclination naturelle

naturelle pour fa maifon Royale, le
Cômte de *Neubourg*, Fils de fa fœur u-
nique *Anne Catherine*, à l'avenement de
la Couronne, crurent qu'il étoit neceffaire d'engager le Roi *Cafimir* à abdiquer
le Scêptre pour l'amour d'eux, & avant
que leur faction ne diminuât, en repre-
nant de nouveau l'Etat écclefiaftique qu'il
avoit embraffé avant fon couronnement.
Enfin ils le tourmenterent tant que le
Roi fatigué de la Regence penible du
Royaume, confentit à leur demande,
malgré toutes les remontrances refigna
l'*Empire*; finiffant fes jours 4. ans aprés
dans le monaftére de St. *Denis* en *France*,
& par là finit cette fameufe Race de
*Jagellone*, qui a porté pendant 283. ans la
Couronne de *Pologne*.

## CHAPITRE XXVIII.

Aprés que *Cafimir* eût quitté le Trône par l'entremife des *François*, le
Prince de *Condé* efperoit de le rempla-
cer heureufement, ayant attiré plufieurs

Sena-

Senateurs dans fon parti, qui, felon *Puffendorff*, avoient gouté les douceurs que procurent les *Louis* d'or de la *France*. Surtout le *Primus Regni* fe donna beaucoup de mouvemens, déclarant ouvertement, „que fi le Ciel lui prefentoit „ une Couronne, il ne la cederoit à „ perfonne de fi bon cœur qu'au Prince „ de *Condé.* „ ( *m* ) Mais ce qui devoit fervir le plus à favorifer l'attente des *François*, fut précifement ce qui la fit échouer : Car les bien-intentionnés en *Pologne* ne purent fouffrir, que les *François* fe donnâffent tant de mouvemens, même encore pendant le Regne de *Cafimir*, pour mettre la Couronne fur la tête d'un *François*, contre la défenfe abfoluë, &

---

( *m* ) Voyés Puffendorff *de rebus geftis Frid. Wil. Lib.* X. §. 711. Condæum *fovebant quicunque defunctæ Reginæ obnoxii egerant aut* Gallici *auri dulcidinem deguftaverant.* Pro *quo tantum erat Primatis Studium ut diceret: Si corona delaberetur de Cælo fe nemini libentius eam impofiturum, quam* Condæo.

& fevére des Loix fondamentales du Royaume, & de faire par ce moyen une atteinte fenfible à leur Election libre, ce qui ne caufa que des animofités parmi les bons Patriotes & ceux qui ne l'étoient pas. Ils faperçurent que, fi le Prince de *Condé* devenoit Roi de *Pologne*, ce Royaume feroit enfuite impliqué dans tous les demelés que la *France* auroit à l'avenir avec l'*Europe*, & qu'il ne pourroit avoir d'autre efperance, ni avantage, par l'Election de ce Pretendant, que ceux de s'attirer la haine de tous fes voifins. On dit enfuite publiquement, que fi le Roi de *France* s'eforçoit à procurer la Couronne de *Pologne* à fon coufin, ce n'étoit pas pour l'amour qu'il portoit à la Nation *Polonoife*, mais feulement pour fe delivrer d'un efprit feditieux, qui lui avoit fait jusques à lors beaucoup de chagrin, & pour en delivrer fa Patrie, en fufcitant de nouvelles inquiérudes aux autres Etats. Le chancelier de l'*Empire*, qui avoit fi fidellement confeillé au Roi *Cafimir* de ne pas

M 3      resig-

resigner sa Couronne, & de ne se pas
laisser gagner par les parolles trompeuses des *François*, representa à ses Compatriotes, que la *France* precipiteroit la
*Pologne* dans des Goustres de malheurs
inevitables, puisque l'interêt de tous
les voisins exigeoit, que la *Pologne* fut
plutot divisée & ruinée sans ressource,
que d'y laisser trop ancrer les *François*
( *n* ). L'Electeur de *Brandebourg* leur
fit comprendre d'une façon energique
la même chose, & que si le choix venoit à tomber sur le Prince de *Condé*,
leur Royaume ne deviendroit que l'In-
strument dont les *François* se serviroient
pour soutenir toutes leurs guerres; que
personne ne disconvenoit de la bravour
de ce Prince; mais, que cette raison
seule suffisoit pour lui donner l'exclusion, puisqu'il ne se fondoit que sur la
puis

( *n* ) Gallum *prout cœperit* Poloniam *per-
dere posse*, quod NB. *omnium vicinium
intersit*, ut Polonia *potius laceretur*,
*quam ut* Gallo *possidenda tradatur io
præsertim modo qui nunc agitetur.*

puiſſance d'un Roi, dont l'avidité & l'orgueil de régner cauſoient des jnquietudes à toute l'*Europe* (o) toutes ces exhortations furent trouvées ſi ſolides, que les *Polonois*, au lieu de donner leurs voix au Prince de *Condé* les accorderent unanimement à *Michel Wisniowitzky*, en 1669. comme par inſpiration divine, pour parler ſelon le droit Canon. Cependant quoique la *France* ne pût, dans cette occaſion, rien faire pour Elle même, Elle empecha du moins, que malgré les promeſſes des *Polonois*, on ne donnât cette dignité à un Prince de la maiſon d'*Autriche*. Le mariage de ce nouveau Roi avec la Princeſſe *Leonore* d'*Autriche*, ne fut toute fois pas non plus du gout des *François*, qui auroient beaucoup mieux aimé l'avoir attaché à

M 4       leurs

(o) *Ut maximé* Condæi *fortitudo laude digna ſit, ſatis tamen eſſe ad eum excludendum, quod non ſuis opibus, ſed tali Regi nitetur, cujus ambitio & potentia orbi jam ſuſpecta, ac formidanda fieri incipiat. vid.* Puffend. Lib. cit. p. 704.

leurs interêts, en lui donnant une Epoufe *Françoise*, comme ils l'avoient fait à
l'égardes Rois precedens.

## CHAPITRE XXIX.

Ces contretems ne decouragerent cependant pas le Roi *Louis*, & ne
l'empecherent pas de faire une nouvelle tentative fur la *Pologne* 4 ans aprés,
lorsque le Roi *Michel* vint à mourir, a-
yant grande envie d'attaquer encore la
maifon d'*Autriche*, il tâcha de perfuader
à *Charles* XI. Roi de *Suéde*, qui n'ambiti-
onoit guéres l'honneur du voifinage
*François*, qu'il ne s'agiffoit pas d'un
Prince de fa maifon, mais de *Philippe
Guillaume* de *Neubourg*. Quelques années
aprés on l'entendit dire aux *Polonois* du
premier rang, qu'ils étoient d'un cali-
bre à lui avoir fait prodiquer inutile-
ment des fommes immenfes & qu'il
ne donneroit plus dans le panneau (*p*)
mais

(*p*). Polonos *eo effe ingenio tantâque pecunia*

mais les effets, qui s'en fuivirent, mon-
trerent que ce n'étoit que des paroles
en l'air, car dés qu'il vit, que la *Pologne*
penchoit vers l'incomparable *Charles* de
*Lorraine*, devoué à la maifon d'*Autriche*,
en confideration de fon intrepidité, &
de fes qualités éminentes, il fit tous fes
éfforts pour éloigner non feulement celui-cy, & tous les autres competiteurs
de la maifon d'*Autriche*, (*q*) mais il re-
M 5 mit

---

*nia vi Regem gratis emunxiſſe, ut hic
deinceps iſtorum Ludibriis ſe ſe haut ſit
præbiturus. Eſſe quoque id Regnum adeo
remotum, ut id rationes Galliæ parum
tangat.* NB. *Præſertim cum Regi ami-
citiæ cum Cæſare conſtet.* Le Docte
**Puffendorff** fait cette gloffe. *Scilicet
poſtquam* Gallus *omnem ſpem amiſerat
deſtinatis ſuis in* Poloniâ *potiundi, id
Cæſari veluti inſigne meritum impu-
tabat.*

---

(*q*) La maifon Ducale de *Lorraine* eût
fort fouvent l'efperance de monter
fur le Trône de *Pologne* à la recom-
mendation

mit encore fur le Tapis le Prince de
*Condé.* Et comme l'Ambaſſadeur de la
Republique demanda du ſecours contre
le *Turc*, le Roi lâcha cette reponſe pi-
quante, „Qu'il étoit étonné que les *Po-*
„ *lonois* oſoient rechercher ſon Alliance
„ dans un tems où ils conſpiroient de
„ placer ſon ennemi ſur leur Trône,
„ mais que s'ils ſe choiſiſſoient un Roi
„ ſelon ſa volonté il pourvoiroit leur
„ Republique de Troupes, & d'argent,
„ & que cecy venant à manquer, il
„ lui ſuggereroit non ſeulement le *Turc*
„ & la *Suede* ſur les bras, mais encore
„ *Lucifer*, s'il le pouvoit„ (r) Ce ton
mena-

mendation de celle d'*Autriche*, en
1668. le Duc *Charles* y fut déja propo-
ſé : après la mort de Jean *Sobiesky.*
Les *Polonois* ont eû les mêmes intentions pour le Duc *Leopold Joſephe*,
Pere de Sa Majeſté l'Empereur d'aujourd'hui ; mais la maiſon de *Bourbon*
s'y eſt fortement oppoſé, comme en
toutes autres occaſions.

(r) *Louïs* ſomma tout court la Cour de
Po-

menaçant detruifit toutes les cabales que
l'argent de *France* & les intrigues des
miniftres avoient fait en faveur du Prince de *Condé.* La Republique trouvoit
que fon honneur étoit extremement fle-
trit, & le General de *Lithuanie*, ne fe
pû empecher de dire, qu'il aimoit mieux
fe prêter à une paix avec le *Turc* (s)
& payer un Tribut annuel, que d'ava-
ler ces couleuvres *Françoifes.* Aprés
quoi on ne penfa plus au Prince de
Condé.

*Pologne* d'exclure le Duc *Charles* de
l'Election, parce qu'il avoit des liaifons avec la maifon d'*Autriche*, & qu'il
le regardoit, par confequent comme
fon ennemi, & lorfque l'Envoyé de
le Republique, *Opacky*, Lui detailla
le danger qu'Elle couroit touchant la
force irrefiftible des *Ottomans*, il lui
fit la reponfe cy deffus mentioñée.

(s) *Se malle noxiam cum* Turcis *pacem
promiffo tributo inire, quam ejusmodi in-
fultationes à* Gallo *tolerare.* Vide Puffendorff *des rebus* Brandenburgicis.
Lib. 12 §. 78. *pag* 958.

*Condé.* La *France*, en échange, employa son argent principalement pour entretenir des factions dans le Royaume, & pour les détourner des Candidats *Autrichiens*, au lieu de le perdre pour des chofes incertaines. Cependant *Jean Sobiesky* General de la Couronne, & fameux par la victoire qu'il a remportée fur les *Turcs* obtint de Diadéme dont les *Francois* furent fort contens, tant parcequ'il paroiffoit leur vouloir du bien, ayant époufé une *Françoife*, qui étoit *Marie Aloyfe de la Grange*, dans l'efperance d'en tirer avantage en tems & lieu, (*t*) & en fe donnant plufieurs

fois

(*t*) Les *François* accufent ce Roi de s'être fervi pour foi-même de l'argent qu'il devoit diftribuer au nom du Prince de *Condé*, s'étant par là franchi un chemin à la Couronne. Rodomontades des *François*, qui attribuent une puiffance occulte à leurs Louïs d'or. Cependant il eft remarquable, que leurs intrigues tramées en *Pologne* ont été conftamment plus nuifibles qu'a-

vanta-

fois la peine d'infpirer des fentimens pernicieux au Roi contre la maifon d'-*Autriche*, & contre fes voifins. Or comme les Rebelles de *Hongrie* fe fouleverent en 1670. contre leur Souverain. On leur fit un accueil des plus gracieux en *Pologne*, promettant de lever publiquement pour eux des Troupes à *Cracau*, quoique ces mutins avoüérent nettement dans plufieurs Lettres écrites en *Pologne*, qu'ils vifoient à la Ruine de la maifon d'*Autriche*. Comme on fit l'année fuivante une reduction dans l'armée nationale, les *Hongrois* revoltés prirent plus de 6. Regimens à leurs Solde. Le Roi de *Pologne* felon l'inftruction

*Fran-*

vantageufes à leurs deffeins, & certainement la *France* auroit mieux réuffi, fi Elle ne s'étoit pas renduë fi fufpecte aux Voifins de *Pologne* & aux clairvoyans *Polonois* par fes fauffetés, par fes rufés, & par fon avidité de regner. Perfonne ne recherche le voifinage *François*, & la liberté Republicaine ne peut s'accorder avec eux.

*Françoife* fit femblant de n'y avoir aucune part, ne voulant pas rompre, s'il
étoit poffible, la bonne harmonie voi-
fine avec l'Empereur, qui ne s'accordoit guéres avec un tel procedé, &
ne fachant pas où il pourroit avoir befoin du fecours de la maifon d'*Autriche*,
pour la confervation de fon Royaume,
& pour l'avantage de fa maifon. La
*France* jouant de tels tours fous un Roi
des *Piaftes* & n'eutre, que n'auroit-Elle
pas fait, fi un Prince de fa Categorie
eut été admis au Trône? Elle tour-
mentoit presque continuellement le Roi
*Jean* pour l'encourager à attaquer fou-
dainement l'Electeur de *Brandebourg* allié de la maifon d'*Autriche*, en ce que
c'étoit précifément le tems le plus favorable qui pouvoit fe prefenter pour ô-
ter à ce Prince le Duché de *Pruffe*,
dont il avoit reçû la fouveraineté en
vertu du Traité fait avec *Cafimir*, & la
paix d'*Olive*, étant actuellement en guerre avec la *France*, & la *Suede*, & incapable de tenir ferme contre tant d'ennemis

nemis de fes Etats, & fi la Fortune fecondoit fon entreprife il étoit facile d'-
emporter entierement ce Duché de
*Pruffe*, en frayant par là un chemin à
fes fils pour parvenir au Trone *Polonois*.
On peut voir par cet Echantillon combien un Prince *François* devenu Roi de
*Pologne* auroit été à craindre, & dangereux non feulement pour la maifon d'-
*Autriche*, mais encore pour tous les voifins de la *Pologne*, c'eft pourquoi on ne
peut les defaprouver de fe tenir toujours fur leur garde, lorfqu'il s'agit de
la defence de leur Liberté.

## CHAPITRE XXX.

Aprés la mort du Roi *Jean Sobiesky*,
le Roi *Louis* ne paru plus intentionné de risquer des fommes fi confiderables pour des efperances frivoles,
en faveur d'un Prince de fon fang, qui
avoit fi fouvent échoué. Il fit affurer
à la Reine douairiere, qu'il fe donneroit
toutes les peines imaginables en faveur
de

de ſon Prince ainé *Jacob*, mais il ne penſoit à rien moins qu'à cela, & ne tâcha qu'à deguiſer ſes veritables ſentimens, ne cherchant qu'à exciter Faction ſur Faction. (*u*) Le Prince *Jacob* fut dés le commencement le pretexte ſpecieux pour écarter tous les autres qui ſe rendoient recommendables par leurs propres merites, ou ceux que la maiſon d'*Autriche* avoit recommandés; ſavoir le Comte de *Neubourg*, lè Duc de *Lorraine* & le Prince *Louis* de *Bâde*. Car auſſitot qu'on eût forgé aſſés de Cabales en *Pologne* pour n'avoir plus rien à craindre par raport à une Election unanime, il ne fut plus queſtion du Prince Royal, ni de ſon avenement à la Couronne. Pour pallier cette conduite les miniſtres *François* avancérent, que le dernier Roi ne

(*u*) Le celebre *Balzac* a vraiment decrit le Langage de ſa Cour dans ſes Lettres Part. II. Lib. II. Lettre I. diſant, „ qu'on ne ſe ſert guéres de paroles „ à la Cour que pour deguiſer ſes in- „ tentions.

ne s'étoit pas tellement rendu agréable, ni serviable à la *France*, pour qu'Elle dût prendre un si grand soin de sa Famille, parcequ'on remarquoit que le Prince *Jacob*, bien loin d'être porté pour la *France*, ne marquoit, que du dégout pour cette Nation. De sorte, que la *France* ayant ainsi tout embrouillé, Elle se mit de nouveau en tête d'acquerir le Royaume de *Pologne*, pour se dedomager des frais cy devant faits mal à propos. La *France* se flattoit de réussir d'autant plus facilement dans ses projets pour cette fois, qu'Elle avoit gagné le *Primus Regni* avec tous ses adherans, & que les autres Prétendans tâchoient de parvenir à cette Royauté, non à force d'argent, mais seulement par leurs merites personnells. L'Abbé de *Bon Port*, *Melchior de Polignac*, avoit déja residé pendant 4. ans en qualité d'Ambassadeur chés les *Polonois*, des affaires desquels il s'étoit parfaitement mis au fait, & en suite il s'attira l'estime de toute la noblesse de cette nation. C'étoit un mi-

N                    nistre

niftre fin & rufé, des negociations du
quel la *France* s'étoit beaucoup promis,
en comptant infiniment fur fes manœu-
vres. Enfin le tout ayant été bien exa-
miné & cimenté, Elle nomma le Can-
didat qui devoit recevoir la Couronne,
en la Perfonne de *François Louis*, Prince de *Conti*, la *France* n'ayant pas changé fes vuës dans cette Election,
& qui étoient toujours les mêmes que
celles qu'Elle avoit eû cy devant. Les
mêmes raifons que les braves & bien
intentionés *Polonois* avoient autrefois alleguées, bien loin d'avoir perdu leurs
forces, elles reprirent de nouvelles vi-
gueurs le même jour que l'Election devoit fe faire, le *Primus Regni*, & les autres voix achettées fe déclarerent pour
le Prince de *Conti*. Les bons Patriotes
examinerent les Suites facheufes qui
n'auroient pas manqué d'en refulter, &
connoiffant les qualités Royales de l'Ele-
Eteur de *Saxe*, *Frederic Augufte*, & la
valeur avec laquelle il s'oppofa aux
*Turcs*, ils l'élurent Roi par la pluralité
des

des voix. On montra au Prince de *Conty* arrivé à cette Ceremonie, qu'il devoit retourner en *France*, & on fixa une Diètte generale, où ce Heros fut reconnu Roi, & ensuite couronné sans la moindre opposition Dominateur de la *Pologne*. Quiconque se donnera la peine de comparer les susdites Elections *Polonoises* avec celle de l'année 1733. il trouvera que les *François* y conservoient encore les mêmes vuës, & pourra dire avec verité : *Eadem semper luditur Fabula, mutatis saltem personis* (*w*) mais

N 2.

quoi-

***

(*u*) Les motifs qui forcent l'*Allemagne* à desirer que les Princes *François* soient exclus du Trône de *Pologne* sont efficacement exposés par le grand minitre d'Etat & Ambassadeur Imperial, le Baron de *Lisola*. *Gallis nunquam libidinem discessuram Germanos lacessendi quum diu a tergo immineant, qui horum onera distrahere possent,* & que n'eprouveroit-on pas maintenant, si l'*Allemagne* voyoit un Prince *François* sur le Trône de Pologne ?

quoique *Louis* XIV. ait fait jouer tous ces reſſorts touchant la Couronne de *Pologne*, & qu'il ait ſouvent pris les armes mal à propos, il ne s'eſt cependant jamais oublié juſques au point de declarer la guerre, ſoit à la maiſon d'*Autriche*, ſoit à d'autres Puiſſances de la même maniere que l'a fait le preſent *Louis* XV. ayant fait des Remontrances à la Republique pour tâcher de la detourner de l'Election de ſes *Cognats*, quoique plus proches parens de ſa maiſon que *Stanislaus*. Il comprit trés bien, que les voiſins de la *Pologne* avoient la même liberté que lui de recommander de leur mieux à la Republique des competiteurs avec lesquels ils eſperoient vivre en bonne intelligence & amitie. La *France* n'oſant prétendre, que tous les autres Souverains ſe reglent ſuivant ſon caprice, & ſes interêts au préjudice des leurs.

CHA-

# CHAPITRE XXXI.

Nous avous déja démontré au 30. §. que les *François* entretenoient la confpiration de *Hongrie* contre l'Empereur *Leopold*, ce qui étoit fort agréable à ces feditieux, parcequ'ils attendoient à chaque inftant des fecours de la *France*, avec laquelle ils firent un accord folemnel, promettant de fe fouftraire entierement de la Domination de la maifon d'*Autriche*, & de fe choifir un *Allemand*, ou un *François*, ou quelqu'autre qui plairoit au Roi. Le Comte *Serini*, l'un des chefs des Revoltés efperoit d'executer fon projet avec l'aide de 100. mille Ecus : affurant *Louis* de porter les *Hongrois* à la Revolte dont ils étoient convenus. Et quoique ce Roi avoit temoigné par des Ecrits publics à toute l'*Europe*, qu'il n'y auroit perfonne au monde, à moins que ce ne fut un ennemi déclaré du nom *Chretien*, qui pût tirer avantage des entreprifes de ces Revoltés :

Cepen-

Cependant les faits prouvérent le contraire, & firent connoitre à toute la
Terre que ce Roi injufte s'étoit rendu
coupable du crime qu'il avoit lui mê=
me condamné fi autentiquement. Car
lorsqu'en 1662. on meditoit une Revolte en *Hongrie*, & les malcontens,
n'étant pas en état d'entreprendre ni de
hazarder quelque chofe d'effentiel, la
*France* voulut les feconder en leur envoyant 14000. hommes, mais comme
elle ne trouvoit pas facilement un pretexte pour les faire partir, fans qu'on
s'apperçût de fon deffein, elle voulut
donner à entendre qu'elle envoyoit ce
fecours à la *Pologne* contre les *Turcs*, &
demanda aux *Allemands* un paffage libre
en *Empire* pour ces Troupes. Les
*François* ne purent tenir ce deffein im-
pie afsés caché, pour que les Princes
*Allemands* ne s'en apperçuffent pas, &
ils fe crûrent obligés, pour l'anéantir de
refufer le paffage à ces Troupes, parcequ'ils fentirent qu'en cela la *France*
meditoit quelque chofe de mauvais
con-

contre l'*Empire*, (*m*) donc ce que *Louis*
ne pût faire cette fois a été executé quelques années aprés, il encouragea les
*Hongrois* mécontans dans leur opiniatreté, en leur envoyant des Lettres de
change, & les anima tellement contre
leur legitime Souverain, que non feulement quelques uns fe mirent en tête
de fe choifir un autre Roi, avouant dans
des feuilles volantes qu'ils vouloient fe
fouftraire de la domination d'*Autriche*,
mais ils oferent encore attenter à la perfonne Sacrée de l'Empereur, en lui ten-
dant

N 4

(*m*) Les Electeurs Ecclefiaftiques, l'E-
vêque de *Munfter*, & le Comte *Palatin* de *Neubourg* convirent de tenir un
Congrés à *Cologne*, où le Roi de *France*
envoya fon Ambaffadeur, nommé
*Gaumont*, qui leur fit cette propofi-
tion le 15. Juillet en 1667. par laquelle
il exigeoit par contre, qu'on ne devoit pas accorder le paffage aux Troupes Auxiliaires envoyées dans les
*Païs-Bas* par les Provinces de l'*Empire*.

dant des piéges dans plufieurs projets meurtriers, & par des poudres de Succeffion, de forte que l'Empereur hefitoit de prendre des mêts de fa propre cuifine. On n'accufe pas juftement le Roi de *France* de ces terribles excés; mais il eft inconteftable qu'il vivoit en bonne intelligence avec ces Rebelles, qu'il leur a donné des Confeils, les a fecondé par toute forte de moyens, & avec de l'argent, les tenant, pour ainfi dire à fa Solde, leur procurant fous main l'amitié & la bienveillance de la *Pologne*, & en follicitant prefque continuellement l'ennemi du nom *Chretien* à proteger ces feditieux, à le feconder lui même, à declarer la guerre à la maifon d'*Autriche*, & à lui ravir s'il étoit poffible, toute la *Hongrie*. Cecy eft arrivé non pas une, mais plufieurs fois, lorsqu'il furvenoit quelque different en *Hongrie*, & même pendant que la *France* vivoit en paix avec l'*Autriche*. La *France* éloignée comme Elle l'eft de la *Hongrie* qu'auroit-Elle pû faire de plus que ce qu'Elle a fait

pour

pour nuire à la maiſon d'*Autriche?* donnant toujours le tems aux *Hongrois* de reſpirer par de grandes diverſions, ſi Elle eût été plus à portée, & qu'un Prince *François* eût été en poſſeſſion du Trône de *Pologne*, qu'Elle avoit ſi ſouvent recherché, les mécontens auroient pû diſpoſer des armes de la *France* à leur gré.

## CHAPITRE XXXII.

L ouïs XIV. n'a pas manqué de bonne volonté, ni d'aſſiduité pour enlever à l'Empereur le Royaume d'*Hongrie*, & le livrer au *Turc*, afin d'oter par là ce Rempart admirable à l'*Empire Allemand*, & à toute la *Chrétienté*. Cecy s'eſt aſſés manifeſté, mais n'a jamais paru avec tant d'éclat, qu'en 1630. dans la guerre que l'Empereur *Leopold*, d'heureuſe memoire, eut avec les *Turcs*. La *France* y avoit porté les *Ottomans* par les troubles qu'Elle avoit fomentés en *Hongrie*, par ſes inſtantes ſollicitations,

par

par des promesses manifiques, afin d'-
executer plus facilement ses vastes projets, & exiger de l'Empereur, & l'*Empire* tout ce qu'Elle desiroit, & s'en emparer à force ouverte. La divine Providence permit que les *Ottomans* rem-
plirent toute la *Hongrie* de terreur &
d'efroi, & assiègerent *Vienne*, Residen-
ce de l'Empereur, en 1683. Cependant la *France* n'étant pas encore con-
tente de l'Etat deplorable où Elle avoit
reduit la *Chretienté*, & de la consternation dans laquelle se trouvoit toute l'*Europe*, Elle envoya des Remises, & de
l'argent en abondance au Comte de
*Tekeli*, Conducteur des *Turcs*, qui les
mena droit à *Vienne*, pour les encourager. Ce n'étoit pas encore assés qu'on
tâchât d'arreter le Roi de *Pologne*, Jean
*Sobiesky* par des vaines promesses, & les
Princes d'*Allemagne* par des menaces,
pour les empêcher de se joindre à l'Empereur, & de secourir avec de forces
combinées la ville de *Vienne* reduite
aux à l'extremité, quoique ces Princes
étoient

étoient également menacés de la même tempête : Ce Roi trés *Chretien* conclut encore une Alliance inoüie & impardonnable avec les *Mahometans*, & *Tekeli*, qui ne laiffa pas toute fois de devenir publique, par le Secretaire privé de *Tekeli* malgré tous les efforts qu'on avoit faits pour la tenir cachée, & cela fut auffi confirmé par les Lettres de la main propre du dit *Tekeli*. On étoit convenu dans ce funefte & indigne Traité, que la *France* & le *Turc* agiroient de concert & offenfivement contre l'Empereur, felon qu'il fe trouveroit practicable (*x*) que les *Turcs* commenceroient les

(*x*) Ce Formulaire que *Henry* II. préta au *Sultan*, montre que les Rois de *France* ont fouvent promis par ferment aux *Turcs* d'agir conjointement avec eux, & de les avertir de tout ce qui fe pafferoit, parmi les Princes *Chretiens*. Le voicy. *Ego* Henricus *nomine Rex* Galliæ *fpondeo & juro ea quæ fcio, & fcire poffum aut experiri fummo* Sultano *Imperatori* Turcico, *cujus Im-*

les premiers, & que les *François* pour-
suivroient pour dompter d'autant plus
vite l'Empereur surpris, & l'Empire
consterné. On avoit inseré dans les
Actes de cette confederation un Traité
de partage, des Provinces *Autrichiennes*,
& des conquêtes à venir en *Allemagne* :
savoir que le *Turc* garderoit la *Hongrie*
& l'*Autriche*, en cedant *Croace* pour la
sureté de *Venise*, & de l'*Italie*. La *Bohême* la *Moravie*, & la *Silesie* devoient ê-
tre le partage de celui qui deviendroit
à l'avenir Roi des *Romains*, dignité que
la *France* destinoit au *Dauphin*, sans pen-
ser

*Imperium Deus firmare & conservare
velit, me manifesturum ejus adversarii
sunt hostes mei, & confœderati ejusdem
mihi amici. Turcas Captivos liberabo ex
hostium carcere, & defendam. Quidquid
nomen ejus & potentiam potest magni
facere propugnabo, propagabo & juvabo:
quiquid contra est extinguam etiam.
Ita me Deus adjuvet. Voyés Rimerii
arcana Polit. casu 29. & 100. Carpz.
Leg Reg. Cap. 6. Sect. 3. num. 20. &
Zigler de M. Lib. I. Cap. 38.*

fer à un Prince *Autrichien*. L'Empereur *Leopold* devoit pour le tems de fa vie garder le Titre Imperial. Mais pour ce qui regardoit la Succeffion dans fes Etats on s'en refervoit la difpofition; que ni la *France*, ni le *Turc* feroient à l'avenir des incurfions en *Allemagne*, fuivant la convention dans cette Ligue, (*y*) & autres articles femblables également dangereux & execrables; mais l'homme propofe & Dieu difpofe. L'univers entier eût horreur de telles Liaifons, cepen-

(*y*) Les conditions mentionnées de cette Alliance fe trouvent dans *Puffendorff de rebus Brand.* Lib. 18. §. 62. p. 1441. §. 96. p. 1475. *us inter Gallum & Turcam fœdus offenfivum fit.* Turca *totam* Hungariam & Auftriam *habeat.* Bohemia *cum adjunctis Provinciis penes* Romanam Coronam *maneat de quâ* Gallus *fit depofiturus.* Croatiam Turcæ *cedi non poffe, Tegendæ* Venetorum *ditioni, Ulterius nec* Turcam *nec* Gallum *arma* Germaniæ *illaturum.*

pendant la *France* loin d'excufer ces conventions deteftables, les exalta, & y applaudit, voulant faire accroire à tout le monde, qu'Elle n'avoit d'autres vuës en cela que le falut de la *Chretienté.* Elle voulut donner à entendre qu'auffitôt qu'Elle auroit fait fuccomber la maifon d'*Autriche*, & fe feroit renduë maitreffe de fes Etats, Elle pourroit facilement depouiller le *Turc* des Païs conquis (z) prefcrire des Loix à tous les Princes *Chretiens* comme à fes vaffeaux, decider toutes les controverfes de Religion

(z) Galli *dudum fibi perfuaferunt fuo Regi æmulam* Auftriacorum *potentiam oppreſſerit, femper facultatem fore* Turcis *iterum eripiendi quæ hi interea* Chriftianis *extorfiſſent, nec deerant adulatores Sacerdotes, qui nullo pudore ganniebant* NB. *bonæ* catholicæ *Religionis ad* Chriftiani *orbis adverfus* Turcas *utile fore, fi* Galli *potentia per* Europam *eo usque gliſcat, ut reliquis Principibus* Chriftianis *leges dare eousque hæreticos extirpare, ac* Turcas *in ordinem redigere queat* Voyés *Puff. de R. B. Lib.* 18. §. 96. *p.* 1475.]

gion qui divifoient la *Chretienté*, & introduire par tout la même croyance, & attaquer enfuite les *Turcs* unis de forces & d'efprits pour les chaffer hors de l'*Europe* jusqu'en *Afie* ( *a* ) fous ce voile la *France* tâcha de couvrir fes deffeins cruels

( *a* ) Sous ce fpecieux pretexte d'amour pour l'Eglife primitive, Les *François* depouillerent *Frederic* du Royaume de *Naples* & fous de fauffes apparences de Droit, ils difpoferent pendant la vie de Jean *Cafimir* de *Pologne* , & de *Charles* II. d'*Efpagne* , de ces deux Royaumes, objectant l'excés de la puiffance de la maifon d'*Autriche* , tachant d'en demembrer & d'en partager tous les païs hereditaires aprés la mort de *Charles* VI. de glorieufe memoire, colorerent cecy de la protection offerte aux Princes *Allemands* pour engloutir le St. Empire *Romain.* Les Aziles & l'appui des *François* font femblables à la Caverne de *Polipheme,* de laquelle *Uliffe* ne pût s'échapper qu'avec la perte de fes compagnons.

On

cruels & fanguinaires contre la maifon d'*Autriche*, ayant pris toutes les mefures neceffaires avec fon Allié pour employer le poifon, en cas que la force vint à manquer, & pour auffi lever de cette façon toutes les difficultés qu'ils pour-

On a un nombre infini d'exemples, qu'ils ne penfent pas à la confervation, mais feulement à la deftruction de ceux qui fe fient à eux. C'eft de cette façon que la *France* a fouvent offert fon fecours aux Princes *Allemands* malgré qu'ils en euffent, fans en avoir jamais été priée : en leur enlevant enfuite les Places frontieres qui fervofent de Barrieres, & en exigeant d'eux des contributions exorbitantes. Le favant *Gratien* dit fort fpirituellement dans fon Criticon. part. 2. chap. 8. „ que les Rois de *France* font toujours prêts à proteger les fujets „ étrangers qui leur demandent du „ fecours; mais par quel motif? C'eft „ pour tâcher de les faire foulever „ contre leurs Souverains, afin d'en profiter & de s'en rendre maitres.

pourroient rencontrer, (*b*) or comme la ville de *Vienne* étoit à l'extremité, & que l'*Allemagne* craignoit d'un côté une terrible Invasion de la part des *Turcs* & des *Tartares*, la *France* de l'autre côté avoir assemblé ses Troupes qui n'attendoient qu'un avis du sort qu'auroit le secours de *Vienne*, pour envahir l'*Allemagne* sous le faux fuyant de resister aux *Turcs*, afin de s'emparer des Places fortes, & de forcer les Princes *Allemands* à reconnoitre le Dauphin pour Roi des

O *Ro-*

(*b*) Lisés *Puff. de rebus Brand. Lib.* 18. *p.* 1475. *Addiderat* Tekelii *Secretarius de Consiliis, quæ inter* Gallum, Vezierum, & Tekelium *agitata super iis, qui maxime ipsorum destinatis obstent, veneno tollendis. Ac ambitioni suæ, Litantem Regem nullo Religionis sensu tangi, Indicio erat, quod dum proprio in Regno à Ritibus* Romanis, *dissidentes fidissimos alias civium acerime persequitur, alibi protestantem* Tekelium *pecunia sublevaret, ad arma principi suo inserenda, ac nunc ipsum &* Turcam *orbi Christiano immiteret.*

*Romains*, fuivant le Traité conclut avec la Porte *Ottomane*, foutenant que l'*Autriche* n'étoit plus en Etat de foutenir l'Empire *Allemand*, & qu'il falloit chercher de la proteſtion & de l'appui ailleurs. (*c*) La divine Providence confondit & anéantit ce damnable Complot par l'heureuſe defaite des *Turcs*, fous la fage conduite du Roi de *Pologne*, Electeur de *Saxe*, du Duc de *Lorraine*, & autres Grands Heros, on fit fi bien reculer les *Turcs*, qu'ils fe prêterent quelques années après à une paix avantageuſe avec l'Empereur, en reſtituant beaucoup de leurs acquiſitions faites cy devant en *Hongrie*.

CHA-

(*c*) *Puffendorff* dit dans le même Livre cité. *Lib.* 18. §. 62. *p.* 1441. *In conſilio Galliæ à Luvoiſio velut efficaciſſimum remedium fuit propoſitum* Turcam Cæſari *immittere ita enim ancipiti malo diſtractos* Germanos à Gallo *uſurpata facile uſſuros, ut forté* Turcâ *in valeſcente,* NB. *iſtius patrocinium ſubituros.*

# CHAPITRE XXXIII.

A vant & au milieu des troubles fuſ
cités par la *France* en *Hongrie*, leur
Roi tâcha par toutes fortes de voyes iniques d'inquiéter l'Empereur & l'*Empire*.
On lui avoit cédé dans la paix de *Weſtphalie*, en 1648. une bonne partie de la
Haute & Baſſe *Alſace*; ceſſion que celle
de *Nimegue* confirma, & on laiſſa la
*France* en paiſible poſſeſſion de ces Païs
extorqués; mais ce que l'Envoyé Imperial dit à cette occaſion, „que plus on
„ lui accorde, plus Elle demande, „
s'accomplit mot pour mot; Car les
*François* bâtirent pluſieurs Fortereſſes
nouvelles en *Allemagne*, comme *Mont
Royal* ſur la *Moſelle*, *Huningue* ſur le *Rhin*,
*Landau* dans le *Palatinat*, *Sar Louis* ſur
la *Sare*, & firent aſſés connoître par la
conduite qu'ils tirent à *Trève*, Reſiden-
ce de l'Electeur, obligeant cette ville,
aprés la priſe de *Luxembourg*, de raſer
ſes propres Forts, diſant, que ſous les

O 2
au-

auspices du Roi de *France*. ils n'avoient besoin, ni de murs, ni de Remparts, aprés quoi ils multiplièrent leurs préten-tions. Le Roi *Louis* en 1680. plaça au milieu de la paix deux Grandes Cham-bres de Réunion, qu'un fameux Histori-en surnomma *simulacra Judiciorum*. Le Plan y fut proposé par un Avocat de *Metz*, nommé *Robland Ravaulx*, qui con-noissant l'avidité du Roi, & les ruses, au moyen desquelles il pourroit faire fortune, deterra quantité de choses surannées qu'il presenta à *Louvois* Mini-stre d'Etat. Celui-cy le trouva si extra-vagant, qu'il taxa l'auteur d'Insensé, & ne pû se resoudre pendant longtems à en parler au Roi. Mais enfin *Ravaulx* n'en voulant pas de mordre, changea d'avis, croïant, que tout absurde que fut ce projet, on pourroit lui donner quelque couleur par des tours d'Avo-cats en se servant de ces chicaneurs. Le Roi n'en fut pas plutôt instruit qu'il donna ses ordres pour la Scéance de deux Tribuneaux, y plaça des sujets

Fran-

*François*, qui decidèrent, que ce qui a-
voit autrefois appartenu aux Etats cedés
au Roi, appartenoit à ce monarque, qui
en prit poffeffion par execution militaire. L'Affemblée rendit en cela une
fentence, non fuivant le droit, mais felon la volonté de fon Souverain. Les
arrêts furent prononcés fans confronta-
tion des Parties, on n'y pû fouffrir des
Procureurs, & celui qui voulut y defendre fon droit fut traité en Rebelle,
chofe aifée à comprendre, puifque les
Affeffeurs étoient *François*, & fous la domination du Roi, qui auroient été mis,
ou en prifon, ou aux Galéres, ou ba-
nis, ou fouffert encore des peines plus
rudes, s'ils euffent voulu agir contre le
Roi qui les avoit placés. Ce college ad-
jugea au Roi de *France* les dix villes libres d'*Alface*, le *Palatinat* de *deux Ponts*,
*Birkenfeld*, *Weldentz*, le Comté de *Mont-*
*beliard*, le Marquifa de *Bâde*, & autres
contrées, villes & Seigneuries, & celui
qui ne vouloit pas les refigner, ou
qui refufoit de prendre l'inveftiture de

la

la *France* étoit chaſſé, ſans conſiderer toutes proteſtations (*d*). Sur tout la priſe de *Luxembourg*, villè libre de l'*Empire* montre la ſupercherie des *François*, en

(*d*) Les Avocats *François* ſe ſont depuis longtems appliqués à de ſemblables chicanes en 1649. *Aubery*, Avocat au Parlement de *Paris*, fit une mechante Brechure, qui portoit pour Titre, *Préeminence de nos Rois, & leur Préſéance ſur l'Empereur, & le Roi d'Eſpagne*. Imprimé avec Privilége, & dedié au Chancelier de *France*, dont l'Electeur de *Mayence* ſe plaignit dans une Lettre au Roy. On tranſporta *Aubery* à la Baſtille, ſeulement pour la forme, on lui fit enſuite de grandes recompenſes, & on lui accorda des charges honorables l'une aprés l'autre; ceçy l'en courageä à écrire en 1667. un autre Traité, intitulé, *Les juſtes pretentions du Roi ſur l'Empire*, y voulant prouver, ,,que la plus vaſte partie de l'*Allemagne* étoit le Patrimoi-,, ne & l'heritage des Princes *François*, que l'*Empire Allemand* ne ſubſiſtoit

en effrayant cette ville, en la menaçant de la Traiter en ennemie, si elle acceptoit des Troupes Imperiales qu'on lui offroit, & employerent plus de 300. Mille Ecus pour des Traitres qui mirent cette ville hors de défense, & revelerent au Roi de *France* tout ce qui se passoit au dedans & au dehors. Et à l'occasion de ces suborneurs on renvoya 6. semaines avant que la ville se rendit, la plus part des Soldats qui composoient

O 4        la

,, sistoit plus, n'étant qu'un Domaine
,, de la Couronne de *France*, que, ni
,, le tems, ni les Traités de paix ne
,, lui sauroient arracher, que le nom
,, du Roi de *France* étoit plus grand,
,, plus respectable, & plus Auguste
,, que celui d'un Empereur *Allemand*;
,, que la Monarchie *Françoise* avoit
,, succedé à celle de *Rome*, que les
,, Empereurs d'*Allemagne* n'étoient,
,, ni si anciens, ni si puissans, ni si
,, élevés que les Rois de *France*. ,,
Enfin il conclut, par dire, que la
*France* avoit la domination tant sur
mer, que sur Terre.

la garnifon; n'y laiffant qu'à peine 500.
hommes, fous le faux pretexte de n'en
avoir pas befoin de plus, en tems de paix,
& que leur Solde étoit un fardeau pour
la Bourgeoifie.    Aprés avoir reglé le
tout de cette façon, on donna avis aux
Troupes *Françoifes*, qu'il étoit tems
qu'elles fe montraffent; puisqu'il n'y a-
voit qu'environ 3. Mille Bourgeois bien
armés en ville, que le refte étant parti
pour la Foire de *Francfort*, & pour d'autres endroits, la ville fe trouvoit dans
la plus grande fureté. Alors les *François*
s'en approcherent, & ne donnerent
d'abord aucune raifon de leur arrivée,
ne voulant pas dire à quoi les habitans
devoient s'en tenir, jusques à ce que la
ville envoyât des Deputés à *Louvois*,
Miniftre d'Etat, qui leur declara avec
une hauteur & une arrogance infup-
tables; que la volonté du Roi étoit, que
la ville fe foumît, qu'il agiroit avec eux,
non comme avec des gens libres, mais
comme avec fes fujets, & que s'ils ne
prenoient leur parti dans l'inftant, il
                                    ; les

les traiteroit, non en ennemis, mais en
Rebelles, & mutins : que s'ils laiſſoient
tirer un ſeul coup de canon dans la
ville, ils leur feroit rembourſer tout ce
que l'armée & l'artillerie venoient de
couter, & que, s'ils oſoient hazarder un
Bombardement, la ville payeroit pour
chaque jour, auſſi longtems que cela
dureroit 100. mille Ecus d'amende,
outre la deſolation totale. Quant au
ſecours qu'ils auroient pû eſperer de
la levée du Siegé, il n'y avoit aucune
apparence, puiſque l'Empereur étoit
trop éloigné, & engagé ailleurs, & que
les Princes d'*Allemagne* mêmes n'auroient pas eû aſſés de tems pour lever une
armée, afin de les ſecourir à propos.
Ils devoient donc ſe reſoudre le même
jour, ou s'attendre à un chatiment ex-
emplaire, & dû à des Rebelles. Les
Deputés eûrent peine d'obtenir, à forces
de prieres, du tems juſques au lande-
main à 7. heures, pour abandonner
leur Liberté & leur magnifique Fortereſſe entre les mains des *Fran-*

*çois.*

çois. (e) C'eſt de cette maniere, & encore plus vilainement, que la *France* a traité les autres membres de l'*Empire*, en voulant néanmoins perſuader à l'Empereur

(e) Les *François* bernérent les Citoyens, diſant que la ville vivroit dans une paix continuelle & dans un Etat floriſ-ſant ſous le Gouvernement de la *France*, au lieu qu'ils étoient expoſés ſous l'Empire *Allemand* à des ſoucis, & à des allarmes continuels. On peut voir quel eſt le bonheur dont les *François* joüiſſent dans une Harangue que l'avocat *Talon* a fait en plein Parlement. Où il dit, „qu'autrefois les „ Rois n'avoient jamais parus dans une „ telle Aſſemblée, qu'avec un aſpect „ favorable, promettant des graces, „ & des faveurs; mais que le tems a-„ voit changé cette admirable Scêne, „ & qu'il n'y faiſoit plus paroitre leurs „ Souverains qu'avec un air effrayant; „ qu'enfin la forme du Gouverne-„ ment avoit reduit toute la *France* „ à la mandicité, qu'il y avoit des „ Provinces à qui les feuilles des ar-bres,

pereur & à l'*Empire*, qu'Elle observoit
inviolablement la paix de *Westphalie*. Le
Plenipotentiaire *François* à *Osnabruck* as-
suroit, même au nom de son principal,
voyant que chacun prenoit ombrage
des mauvaises façons d'agir de la *France*,
que

  » bres, & les herbes des champs ser-
  » voient de nourriture, & que même
  » ils les disputoient aux bêtes de la
  » Campagne, aprés avoir vendu tout
  » ce qu'ils possedoient, & que s'ils
  » avoient pû vendre leurs ames, il y
  » auroit longtems qu'ils les auroient
  » mises à l'Encan. » Alors regnoient
les Loix des *Spartes*, où l'argent étoit
defendu, & où on depeignoit les Dieux
d'*Homer* trés robustes & trés puissans,
mais jamais équitables, qui gouver-
noient la *France*. Ce qui porta un
emporté à faire la Rime qui suit, &
qu'il mit sous le Couvert de *Louis*
XIV.

  Toujours prendre & rien rabattre,
  Sur un peuple, qui meurt de faim.
  C'est le Fils de *Mazarin*,
  Et point le petit fils d'*Henry* Quatre.

que l'intention du Roi n'avoit jamais été
de s'emparer de *Strasbourg*, & des dix
villes libres de l'*Empire*. Aussi le Roi
restitua ces 10. villes libres à la paix de
*Westphalie*, en tira ses Garnisons, rendit
les païs appartenans à l'*Empire*, & pendant tout cet espace il ne revoqua en
aucune maniere en doute la superiorité
de l'*Empire*, ne voulant pas se servir
d'une Jurisdiction mal placée. Mais
dans cette occasion, toutes les representations soit de l'Empereur, soit des Rois
Etrangers, soit des membres de l'*Empire*,
fondées sur le droit naturel, sur les
Traités de paix, si souvent cimentés
par serment, par les promesses du Roi,
par les prescriptions, & par d'autres
droits, ne produisirent aucun effet: &
les *François*, sans borne, ni moderati-
on auroient plutôt souhaité d'asservir
toute l'*Allemagne* à sa chambre de Reu-
nion. (*f*) Cependant *Louis* nuisoit
plus

(*f*) Si on considère les malheurs engen-
drés par les artifices malignes de la
*France*,

plus, par cette conduite inique, à l'Empereur & à l'*Empire*, qu'il n'auroit fait par une guerre des plus sanglantes, de sorte que l'Empereur, qui étoit occupé à de-

*France*, combien Elle a nuit à l'*Allemagne*, & à d'autres Nations par toute sorte de moyens, tant publiquement qu'en secret, si on considère, dis-je, ses conventions avec l'Ennemi naturel de la *Chretienté*, ses armemens pour soutenir de longues guerres, en fortifiant les Frontiéres de son Empire, l'orgueil avec lequel Elle a rejetté toutes les propositions de paix, & les ruses dont Elle s'est servi pour rompre & detruire la bonne intelligence des compatriotes *Allemands*, cherchant les occasions de faire la guerre, Enfin comment Elle a refusé de se prêter aux mediations pacifiques, comment Elle a tâché de sugerer des Ennemis à l'Empereur des *Romains* & à ses Alliés, & à diviser les Confederés, & les Puissances reunies pour la defense du bien public, ou du moins pour les porter à la Neutralité, comment

à defendre ses Etats hereditaires, & la *Chretienté* contre le *Turc*, donna les mains à une Tréve de 20. ans avec la *France* à *Ratisbonne*, en 1684. lui laissant ses acquisitions, se contentant d'empecher des malheurs encore plus sensibles.

## CHAPITRE XXXIV.

Mais independamment de tout cecy à peine pû-t'on reculer la Tempête un an, que la *France*, exita avec plus de fureur que jamais en 1685. Car la crainte des Politiques, par raport à la conclusion de cette Treve, étoit de savoir,

ment Elle a si souvent attaqué avec la plus grande fureur, & injustice l'Empereur & l'*Empire*; Il faut absolument convenir, que cette conduite est un temoignage évident, que la *France* est comme la Boëte de *Pandore*, & la source des miseres qui sont arrivées en *Allemagne*, & que leurs Rois sont les Dieux de la discorde sur la Terre, & la cause de tous les maux qui sont arrivés à l'Empire *Allemand*.

favoir, que fi on confentoit aux Mon-
ftrueufes prétentions de la *France*, on ne
pourroit plus à l'avenir fe repofer fur
les Traités de paix, & que cette Couronne le porteroit fi loin, qu'enfin l'-
*Empire*, peu à peu affoibli, fe trouveroit
confondu fous fa domination, & reduit
fous fa fervitude, ou qu'il n'auroit plus
les forces requifes pour prendre les armes contre fes entreprifes injuftes, &
la crainte de ces Politiques fe verifia,
& fe changea bientôt en terreur generale. Quoique *Louis* avoit promis dans
la Tréve mentionnée cy deffus de terminer le cours injufte de ces chambres
de Réunion, qui lui avoit procuré plufieurs beaux & bons Païs, il forma encore de nouvelles pretentions, fous ce
Titre, demandant un Tribut annuel
de la ville de *Treves*, y ajoutant cette
menace, qu'en cas de refus, fon armée
viendroit l'y forcer. L'Electeur & la
ville de *Treves* firent clairement connoitre, qu'ils n'avoient jamais reconnu la
protection du Roi d'*Efpagne*, en qualité
de

de Duc de *Luxembourg*, ni payé un denier de Capitation, expofant outre cela, que la ville étoit dechargée de tout impôt onereux, comme uniquement adjugé à la fuzerainité de l'Electeur & de l'*Empire* du confentement & fuffrage du Duc de *Luxembourg* même, mais tout cecy auroit produit peu d'effets à la Cour de *France*, fi Elle n'avoit pas voulu par raifon d'Etat fe conferver l'Electeur, pour l'empecher de faire obftacle à d'autres projets qu Elle s'étoit formés. Dans les lieux repris, les *François*, au lieu de faire ce dont on étoit convenu dans la paix, & derniere Tréve, ils agirent tout autrement, & comme bon leur fembla : ils ôterent au grand maitre de l'ordre *Teutonique* plufieurs Commanderies en *Alface*, qu'ils annexerent aux revenus des Hopitaux de *Paris*: ils envoyerent des Armées nombreufes fur les confins d'*Allemagne*, difant, que c'étoit pour les empecher d'être furpris, quoiqu'il n'y avoit cependant perfonne au monde en campagne

con-

contre eux; & que l'Empereur avoit toutes ses forces en *Hongrie*, pour la defendre contre le *Turc*. Tout le but de la *France* étoit à lors de tenir continuellement l'*Empire* en suspend, & de faire une diversion en *Allemagne* en faveur de la *Porte*. Afin d'excuter cette resolution, leRoi entrouva en 1685. l'occasion longtems desirée, par la mort de l'Electeur *Palatin*, *Charles* dernier de la branche de *Simmeri*. Le Duc d'*Orleans* Frere de *Louis* avoit épousé sa soeur *Charlotte Elizabeth*, qui renonça, en se mariant, d'une manière solemnelle, à tous les Fiefs tant du coté peternel, que du maternel dans l'*Empire*, ne se reservant que ceux du dehors. (g) L'Electeur defunt confirma le tout dans

P                           son

(g) Le Docte *Samuel Puffendorff* a annoté, que les Potentats, qui avoient épousé des *Françoises*, ou donné leurs Princesses à des *François*, s'étoient attiré de grands malheurs. *Jacobus* I. *Cum primis Familia sua & nationi* Angliæ

son Teftament, y ayant nommé le Duc de *Hanovre*, & le Landgrave de *Heſſe Caſſeſſe*, pour Executeurs. Outre cecy

li

gliæ *infinitam* Calamitatem *ſegetem paravit, dum filio* Carolo, Henriettam Mariam Ludovici XIII. *Sororem conubio junxit, inter plurima hujus Seculi exempla, uti neſcio quo Fato, aut genio nationis infinita mala velut dotalia exterorum Familiis illata ſunt, quibus* Gallicæ *fæminæ innupſerunt, ſicuti viciſſim* Hiſpanicæ, & Palatinicæ *familiæ magno conſtitit filius ſuus* Gallis *nuptum dediſſe de R. P. Lib.* 19. §. 84. *p.* 1611. Tout ce deſaſtre procede de ce que les Epouſes *Françoiſes* incitées par leurs Compatriotes ſoufflent route ſorte de mauvais, & pernicieux Conſeils à leurs maris ; au lieu que les *François* ne ſe ſoucient guére des renonciations de leurs Epouſes, ne tenant aucuns Traités, s'ils ne s'y trouvent contraints, quoiqu'ils n'ont pas toujours tiré beaucoup d'avantage de leur mauvaiſe Foi, comme *Cimneus* l'obſerve. *Res notatu digna eſt in Re-*

gno

il étoit ftipulé dans les Loix de l'*Em-pire*, depuis un nombre confiderable d'années, que les Princeffes ne pouvo-ient prétendre à la Succeffion, encore moins pendant le vivant des Cognats. On voulut bien en *France* accorder la dignité Electorale à un de fes plus pro-ches, *Philippe*, Comte *Palatin* de *Neu-bourg*; mais on engagea cependant le Comte *Palatin* de *Veldens Leopold Louis* à y apporter des obftacles, en formant des pretentions fur cette dignité, & quant à ce qui regardoit la plus part des Etats du *Palatinat* la Ducheffe d'-*Orleans*, & fes Enfans devoient auffi pré-

P 2                                        tendre,

tendre, contre toutes les Loix du Païs,
contre ſa renonciation ſi ſolemnelle, &
contre la forme du Teſtament du feu
Electeur. La *France* chercha auſſi des
pretextes pour annuler ce Teſtament,
ſous celui, que l'Electeur n'avoit pas
été en droit de le faire, & qu'on n'y
avoit pas obſervé toutes les Formalités
que *Juſtin* exige des particuliers dans
ſon Code des Loix en fait des diſpoſitions. De là Elle tâcha de prouver que
Madame d'*Orleans* ſuccedoit *ab inteſtat*,
demandant tous les meubles parmi lesquels Elle compta l'Artillerie, l'amuni-
tion dans les Fortereſſes, les Bibliothe-
ques, enfin tout ce qu'on pouvoit mou-
voir; Elle exigea auſſi toutes les acquiſitions des Comtes *Palatins* depuis la
Bulle d'or, ainſi de prés de 300. ans;
faiſant un long Catalogne de tous les
Païs, villes, & ſeigneuries, qu'on devoit lui ceder, dont *Oppenheim*, *Lautern*,
*Simmern*, *Spanheim*, ſans compter d'autres Duchés & païs, furent les principaux; Elle pretendit, au nom de ces
Prin-

Principautés avoir ſes voix & ſcéances aux Diètes. Même ces Païs lui parurent être trop peu de choſe, c'eſt pourquoi Elle vouloit forcer le nouvel Electeur à lui livrer tous les Contrats de Famille, & les Brevets de vieille date, & les Inſtructions autentiques, afin de s'étendre d'avantage, & d'eriger de nouvelles Chambres de Réunion, & de s'emparer, s'il lui étoit poſſible, non ſeulement toute l'*Allemagne*, mais encore tout le monde entier. (*b*)

P. 3          C ʜ ᴀ-

(*b*) La *France* pourroit bien une fois ceſſer d'être avide; ſi Elle vouloit reflechir ſur le parolles ſuivantes. „Le „ Prince qui veut tout poſſeder, eſt „ comme un Eſtômach qui ſe ſur- „ charge de viandes, ſans ſonger „ qu'il ne pourra les digerer. Le „ Prince qui ſe borne à bien gouver- „ ner, eſt comme un homme qui „ mange ſobrement, & dont l'Eſtô- „ mach digére bien.„ Tom. II. p. 116. Chap. 24. de la 3. Edit. de l'*Anti-Machiavel*; mais la *France* eſt trop af-

## Chapitre XXXV.

Le Roi *Louis* se flatte beaucoup de réuſſir dans ſes pretentions, aprés la
mort de *Maximilien Henry*, Electeur de
*Cologne*. qui deceda en 1688. & cette
mort lui ſembla favoriſer ſes intentions,
voulant qu'on élut à ſa place *Guillaume*
*Egon*, Cardinal de *Fürſtemberg*, Archi-
ennemi de la maiſon d'*Autriche*, & zelé
Partiſan *François*. Ce Cardinal pouvoit
tout ſur l'eſprit du feu Electeur, & étoit
en

affamée & ſouhaite avec trop d'ardeur
la Monarchie univerſelle, qu'Elle aura cependant bien de la peine à obtenir. C'eſt pourquoi Elle s'en eſt d'a-
bord tenuë aux mêts les plus exquis,
afin d'engloutir une partie de l'*Alle-*
*magne*. En ùn mot le Duc d'*Orleans*
demanda tout le *Palatinat*, & alors le
nouvel Electeur devoit enſuite juſti-
fier ſes prétentions, ce qui certainement lui auroit été trés difficile à faire
devant un Tribunal *François*, où l'interêt du Roi étoit preferé à la Juſtice.

en grand eſtime chés pluſieurs chanoines de *Cologne*, la *France* ſçût auſſi combien ſes conſeils lui avoit été utiles, combien ils avoient été nuiſibles à l'*Allemagne*, & l'avantage qui lui en revien-
droit de l'avoir au centre de l'*Allemagne*.
*Louis* envoya donc des ſommes immenſes à *Cologne*, & gagna 14. Chanoines,
ames venales, en faveur du Cardinal.
Mais au tems de l'Election *Joſephe Cle-
ment*, Duc de *Baviere* avoit 8. voix, ju-
ſtement autant qu'il lui en falloit, en
qualité d'*Elegendus*, pour lequel le *Pape*
l'avoit déclaré ſolemnellement pour jus-
tifier ſon Election. *Fürſtemberg*, qui au
contraire avoit beſoin de 16. voix, comme *Poſtulandus*, ne pû attraper ce nombre, malgrés tous les ſoins imaginables
qu'on s'étoit donné, & les grandes largeſſes que la *France* avoit faites, de ſorte
qu'il ne pouvoit prétendre à cet Archevêché ſelon le droit Canon ; mais la
force & les armes devoient ſuppléer à
ce que les Loix, & le Droit ne per-
mettoit pas, & que l'Egliſe, dont la

*France*

*France* fait profeſſion d'être membre ; defend Elle même ; (*i*) parceque le Cardinal ſe mit en poſſeſſion, chaſſa les chanoines contraires, & prit des garniſons *Françoiſes* dans toutes les places dependantes de l'Archevêché. Le Roi de *France* y fit des incurſions terribles, & ravagea encore d'autres Païs voiſins, imitant en cela les procedés les plus barbares. Il ſe poſta vers *Mayence*, *Heidelberg*, *Philippsbourg*, *Keiſerslauter*, *Bonn*, *Heilbroun*, & autres villes de l'*Empire*, mediates, & immediates, ne leur donnant que 24. heures de delai, & quelque fois point du tout. Par cette rapidité,

(*i*) Parmi les Rois de la Foi chatholique, ce ſont ceux de *France*, qui ont cauſé le plus de tort au Siége apoſtolique, & ſur tout *Louïs* XIV. qui vouloit trancher du zèle Catholique *Romain*, pendant qu'ils perſecutoit ſi cruellement les *Huguenots* dans ſon Royaume, mais il n'agiſſoit ainſi que par une pure maxime d'Etat, & non par un principe de Religion.

dité, les *François* s'emparerent de la plus
part des Païs par un accord, qu'ils obferve-
rent fi peu, qu'ils ruinerent, en fortant les
Fortifications & le refte de fond en comble, pillerent la Nobleffe, les Roturi-
ers, & en reduifirent quantité à l'aumone. Les Eglifes, & les tombeaux
ne furent pas épargnés, on deterra les
os des anciens Empereurs, en les par-
femant & deshonorant. Quand leurs
propres Ecclefiaftiques reprefentoient
aux officiers, & aux Soldats leurs in
humanités, & leurs cruautés inouïes,
ils leur repondoient, que c'étoit la volonté & l'ordre exprés du Roi, & que
pour les accomplir ils ne pouvoient pas
afsés faire maux. Le Generaliffime demeura tout interdit, lors qu'il examina
ces ordres fevéres expediés du Confeil
de *Verfailles*. (k) fuivant ces ordres les

O 5        *Fran-*

(k) Tous les Hiftoriens de notre tems
font remplis de plaintes contre les
cruautés des *François*. Je m'en tien-
drai feulement à deux Auteurs *Fran-*
*çois.*

*François* firent des Courses bien avant dans le haut *Rhin*, dans les Cercles de *Suabe*, & de *Franconie*, mettant tout en con-

çois. Le premier & l'Auteur du Traité de *la diſſolution de la Réunion. p. 119.*
„ Pourra-t on jamais trouver dit-il,
„ un pinceau pour colorer ces cruels
„ traitémens ? &c. Car ni la beauté
„ de l'Egliſe de *Manheim*, ni l'anti-
„ quité de celle de *Worms*, ni la ra-
„ reté de celle de *Spire*, ni enfin la
„ veneration qu'on doit avoir pour
„ les Temples, & les Edifices, où le
„ nom de Dieu eſt loué, & où la Pa-
„ role divine eſt prêchée, n'ont pû pré-
„ ſerver ces Bâtimens de la fureur
„ des *François*, qui au contraire ſe
„ ſont fait un plaiſir d'inſulter Dieu,
„ & ſa Parole, de pécher contre les
„ droits de la nature & des gens, d'-
„ outrer leurs conſciences, de tyran-
„ niſer leur prochain; Enfin de n'a-
„ voir ni Foi, ni Loi, ni Religion,
„ ni aucune veneration pour Dieu,
„ ni pour les choſes les plus ſaintes
„ & les plus ſacrées. „ Le ſecond
eſt

contribution, brulant, & faccageant
tout ce qu'ils rencontroient, & firent
voir par ces actions indignes que leur
deffein étoit de ruiner totalement l'Allemagne.

est l'Auteur de *L'Avis fidele aux Hollandois*, qui reprefente leurs procedés
de la maniere suivante. p. 96. & 97.
,, Ceux qui n'ont point d'humanité
,, peuvent-ils avoir une Religion?
,, Ceux qui ne font pas chretiens,
,, mais pires que les *Turcs*, & les
,, *Tartares* meritent-ils le nom de
,, *Catholiques?* Ou ceux qui pillent
,, les Eglifes, & qui, par maniere de
,, dire, mettent la main fur leur Dieu,
,, & le foulent aux pieds; font-ils ca-
,, pables d'avoir de la charité pour les
,, membres de *Chrift?* Tous les habi-
,, tans de la ville de *Tillemont* étoient
,, *Catholiques Romains*, & néanmoins
,, à peine trouvera-t-on dans les hi-
,, ftoires anciennes un feul exemple
,, des violence & des outrages que
,, les *François* y ont fait à leur Reli-
,, gion, & à ce qu'Elle à de plus faint. ,,
Au lieu d'en dire toutes les particula-
rités,

*lemagne.* En même tems le Roi somma
le Duc de *Savoye*, qui avoit été neutre
jusques à lors, de prendre des garnisons
*Françoises* dans ses meilleures Places, &
même dans la Citadelle de *Turin* sa ville Capitale, & comme celui-cy n'y pû
consentir, il se rendit maitre du Duché
entier, jusqu'à la Forteresse de *Mont-melian*. La maison d'*Autriche* tant de la
bran-

rités, qui son horribles, je me servirai du passage d'un Auteur de la même
Religion, qui en parle en ces termes.
„ Pendant qu'on étoit en pour parler,
„ la ville fut saccagée; les habitans
„ furent massacrés : les vierges & les
„ Religieuses, consacrées à Dieu, furent violées : Les Temples, & les
„ Couvens, avec leurs Reliques, furent brulés; les Images furent bri-
„ sées, & les Saints vases prophanés.
„ Enfin O Dieu! le dirai-je, *Quan-*
„ *quam animus meminisse horret, luctu-*
„ *que refugit.* Les Hosties consacrées,
„ ce pain des Anges, ce trés Saint Sa-
„ crement, furent donnés aux chevaux.
„ &c.

branche *Espagnole*, que de celle d'*Allemagne* le fecouru fidellement tant avec des Troupes, qu'avec de l'argent, mais toute la reconnoiffance que ce Duc temoigna à cette Augufte maifon, fut de donner atteinte à l'alliance formidable, en faifant une paix particuliere avec la *France*, en 1696. uniffant même fes propres Troupes avec l'armée *Françoife*, ce qui obligea l'année fuivante les Illuftres Alliés à faire la paix de *Riswick* avec la *France*.

## CHAPITRE XXXVI.

Louïs XIV. ne fe fervit de cette paix, que pour fe préparer à une nouvelle guerre. La fanté de *Charles* II. Roi d'*Espagne* laiffoit probablement entrevoir qu'il ne vivroit par longtems; il n'avoit aucun heritier, ni d'un fexe, ni de l'autre, & la maifon d'*Autriche* avoit tout lieu d'efperer indubitablement d'obtenir la Succeffion de toute la Monarchie *Espagnole*, felon le droit divin, &

& humain, & fuivant les accords de famille contractés depuis plus de 200. ans,
fi fouvent renouvellés, & confirmés felon les Loix fondamentables du Royaume, & dont perfonne n'avoit douté
jusques à lors. Ce qui ne convenoit
guére au Roi de *France*, qui ne pouvoit
fouffrir l'accroiffement de la maifon d'-
*Autriche*. Il chercha donc alors à anéantir cette efperance, il accorda des
conditions paffables au Roi d'*Efpagne*
*Charles* II. dans la païx de *Riswick*, pour
l'appaifer aprés l'avoir infiniment offenfé
pendant toute fa Regence, par cinq
guerres accablantes. Son but par là ne
tendoit qu'à la monarchie univerfelle,
& quoiqu'il faifoit tous fes efforts pour
le deguifer, fes actions le firent cependant afsés connoitre. Le Roi d'*Efpagne*,
animé par l'*Angleterre*, trouva à propos
de faire un Teftament, dans lequel il
déclara le Prince Electoral de *Baviere*,
neveu de l'Empereur *Leopold*, fon Succeffeur & heritier univerfel. Quoique
cette affaire fut traitée avec beaucoup
de

de ſecret, cependant *Louis* l'apprit par ſes Eſpions le jour même que le Roî *Charles* y ſouſcrivit. Il lui en fit temoigner ſon reſſentiment, par le Marquis d'*Harcourt*, alors ſon Ambaſſadeur à *Madrid*, diſant, que le Roi d'*Eſpagne* n'agiſſoit pas avec lui amïablement, en donnant l'excluſion au *Dauphin* touchant la Succeſſion d'*Eſpagne*, duë à ce Prince; il le menaça en même tems de lui declarer une forte guerre, qui fut interrompuë avec ſes projets, par la mort imprevuë, & prématurée du Prince Electoral. Le Comte de *Tallard* ayant imaginé un partage de toute la monarchie *Eſpagnole*, que le Roi *Louis* trouva fort bien inventé, comme étant un moyen propre pour faſciner les yeux de tous les Potentats de l'*Europe*, ne ſongeant uniquement qu'à la manière avec laquelle il pourroit annexer l'*Eſpagne* à ſa maiſon, pour l'arracher à celle d'*Autriche*, auſſitôt que l'occaſion s'en preſenteroit, de ſorte qu'il forgea clandeſtiment le fameux Traité de partage
avec

avec l'*Angleterre*, & la *Hollande*, où il fe
referva *Naples*, *Sicile*, & toutes les Places appartenantes à l'*Efpagne* fur les Côtes de la *Tofcane*, *Fontarabie*, & St. *Se-
baftien*, on y voulut bien gratifier le
Duc de *Lorraine*, qui devoit troquer fon
Duché hereditaire contre *Milan*. De
forte qu'il ne reftoit, que la lie de la
Monarchie d'*Efpagne* à l'*Autriche*, & au
lieu de l'Empereur, un des Archiducs
y devoit fucceder. Comme ce Traité
de partage étoit une entreprife des plus
iniques fur une monarchie de laquelle
on ne pouvoit difpofer fous le moindre
Titre de Juftice, partageant les Etats
d'un Souverain pendant fon vivant, en
l'obligeant malgré lui à fe choifir un
Succeffeur (*l*). Auffi ne fut-ce qu'une
Illu-

_____

(*l*) L'Ambaffadeur Imperial, qui étoit
alors à *Madrid*, manda que *Charles* II.
deperiffoit tous les jours à vuë d'oeil,
depuis qu'il avoit appris la nouvelle
chagrinante de ce beau Traité de partage & s'en affligeoit extremement. Et
ce chagrin l'accompagna jusques à la
mort.

Illusion de la part des *François*, qui ne pensoient à rien moins qu'à observer ce Plan ébauché pour leurs Alliés. Leur dessein en cela fut de tromper tout le monde, de rendre suspects leurs Confederés, d'opprimer la maison d'*Autriche*, & d'inquiéter le Roi d'*Espagne* pour lui faire changer ses dispositions en faveur de la *France* (*n*). On étoit absolument convenu dans le dit Traité de

Q

par-

(*m*) A l'occasion de ce Traité un anonime injenieux écrivit un petit livre intitulé *Le Partage du Lion de la Fable*, où il dit que la *France* faisoit divers partages; mais qu'Elle garderoit tout pour soi, & ne laisseroit rien à ses Alliés. Comme le Lion dans *Esope*. Un autre fit le Portrait de *Louïs* XIV. dans ces deux Couplets.

*Omnia vicisti, profuso turpiter auro.*
*Armis pauca, dolis plurima, Jure nibil.*

Par la fraude, par tes feintes, par des ruses, par l'argent, non de droit, non par les armes, on te surnomma le Grand.

partage, qu'on le tiendroit absolument caché jusques à la mort du Roi, pour qu'il finit ses jours en repos, au lieu de l'affliger, en le divulguant. Mais à peine ce susdit Traité fut-il conclu, que la *France* le découvrit aux *Espagnols*, voulant tirer par là son Epeingle du jeu, en mettant le tout sur le compte de l'*Angleterre* & de la *Hollande*, insinuant au Roi d'*Espagne*, que les Puissances maritimes & Protestantes visoient à démembrer la monarchie *Espagnole*, pour pouvoir, en l'affoiblissant, en extirper la Religion *Catholique*. Que le Roi ne s'y étoit prété, que pour mieux approfondir leurs intrigues, & leurs veritables intentions; qu'enfin pour éviter ce malheur, il n'y avoit point de moyen plus convenable, que celui de laisser la Monarchie entière d'*Espagne* à un Prince *François*, vû que l'*Autriche* étant trop éloignée, ne pourroit empecher ce partage, ni s'opposer éfficacement à cette division. Par de telles maximes prises de *Machiavel*, la *France* causa non seulement

ment une grande mefiance à *Charles* II. mais encore une haine generale parmi toute la nation *Espagnole* contre la *Hollande*, & l'*Angleterre*, qui étoient leurs plus fidelles Alliés. *Louis* donc, aprés avoir ajouté ces deux fausseteis à ce Traité remplis de supercheries, chercha les occasions de s'insinuer de son mieux au prés de *Espagnols*, voulant leur donner à entendre qu'il veilloit serieusement à la gloire de leur Roi, à la conservation de leur monarchie, & à la propagation de la Foi *Catholique*. Pendant que son but principal étoit d'oter à la maison d'*Autriche* cet Empire, pour le faire posseder à celle de *Bourbon*, sous le nom d'un Roi separé, jusqu'à ce qu'on pût trouver l'occasion de joindre la Monarchie *Espagnole* à celle de *France*, la regardant comme un Royaume conquis, afin d'enchainer toute l'*Europe* par ces deux Empires, unis & voisins, & de bâtir sur ses ruines la cinquiéme Monarchie, à laquelle la *France* aspire depuis si longtems. (*n*)   CHA-

(*n*) *Mortaigne*, Resident d'*Hollande* à

# CHAPITRE XXXVII.

La verité de fes conjectures fe manifesta bien tôt aprés la mort du Roi
*Charles* II. par lequel la branche d'*Efpagne Autrichienne* fut éteinte.    On avoit
forgé

*Ratisbonne* reprefenta énergiquement
dans un abregé à la Diette de l'*Empire*, qu'il falloit unir fes forces pour
s'oppofer à l'efclavage dont ils étoient
menacés, difant, ,,que le danger étoit
,, commun, qu'il importoit peu qu'il
,, fur prés, ou éloigné : parcequ'auf-
,, fitot que les premiers feroient af-
,, fervis cela ferviroit de Pont pour
,, aller plus loin : que les *François* ne
,, cherchoient qu'à fubjuguer leurs
,, voifins, les uns aprés les autres, par
,, toute forte de voyes : qu'on fuc-
,, comberoit infailliblement fous leur
,, joug, fi tous ceux qui font inter-
,, efsés à la Liberté de l'*Europe*, n'em-
,, ployoient pas fans delai tout ce qui
,, dependoit d'eux pour fe fouftraire
,, à un tel malheur.

forgé encore avant cette mort un Teftament fous fon nom, au grand étonnement, & à la grande confternation de toute l'*Europe*. Le Duc d'*Anjou* y étoit déclaré Heritier univerfel, mais à condition qu'il renonceroit à la Succeffion de *France*. L'*Autriche* étoit exclue pour tout le tems qu'il y auroit des Defcendans *François* (o). On avoit rai-

Q 3                                    fon

(o) Cet Teftament doit avoir été foufcript du Roi en 1700. le 2. d'Oftobre. On y trouve cette Claufe memorable dans le 13. §, où il fe fert des termes fuivants, „En cas donc „ que je meure fans Enfans. Je de „ clare le Duc d'*Anjou*, fans aucune „ exception, pour Succeffeur de mes „ Royaumes; Je commande auffi à „ tous mes fujets, que fi Dieu me „ retire de ce monde, fans que je „ l'aiffe de mes propres heritiers, de „ le reconnoitre pour leur legitime „ Souverain, & Roi. Ils le doivent „ mettre, fans le moindre delai en „ poffeffion du Royaume mentioné „ cy deffus; mais avant cecy, il de-

voit

son de croire que ce Testament étoit
entierement faux, & que le Cardinal
*Portocarero* l'avoit inventé, avec ses adherans, ayant été gagnés pour cet effet

par

    ” voit être obligé de prêter serment
” d'assurence, qu'il entretiendroit
” cette monarchie dans sa dignité, &
” la laisseroit jouir de ses privileges,
” de ses Loix, & de ses coutumes.
” Mon intention est encore, ajoute-
” t'-il, que cette Monarchie reste tou-
” jours separée de la *France*, pour la
” tranquilité de mes Etats, pour le
” salut de la *Chretienté*, & pour celui
” de l'*Europe* entier. Si le Duc d'*An-*
” *jou* venoit à mourir, ou s'il prefe-
” roit la Couronne de *France* à celle
” d'*Espagne*, ma Succession doit
” tomber en partage au Duc de
” *Berry*, troisiéme fils du *Dauphin*
” aux mêmes conditions, & en cas,
” que le Duc de *Berry* vint aussi à
” mourir, ou fut appellé au Trône
” de *France*, j'y declare mon cousin
” l'Archiduc *Charles*, Fils puis né de
” 'lEmpereur, à l'exclusion de l'ainé,

par

par les promeſſes, & les largeſſes de la *France*, abuſant du nom de leur Roi. Il n'étoit guére probable, que *Charles* II. eût voulut faire un Teſtament par le-

Q 4 quel

» par des raiſons d'Etat alleguées;
» mais auſſi, ſi l'Archiduc cy deſſus
» mentioné venoit à mourir, le Duc
» de *Savoye* & ſes Enfans doivent y
» pretendre. Je deſire donc, que mes
» ſujets, ſuivant ma volonté ne don-
» ne jamais les mains pour qu'une
» monarchie ſi glorieuſement fondée
» par mes ayeux, ſoit diſtribuée, &
» ſeparée, comme étant une choſe
» contraire à leurs propres interêts,
» puisque je ſouhaite avec une ardeur
» extrême que la bonne armonie en-
» tre l'Empereur des *Romains*, mon
» couſin & le Roi trés Chretien, ſub-
» ſiſte pour toute le bien de la *Chre-
» tienté.* Je les prie, & je les conju-
» re d'affermir cette union par le ma-
» riage du Duc d'*Anjou* au contente-
» ment & à la Satisfaction de toute
» l'*Europe.* » Ce Teſtament ſe trouva tout entier & mot pour mot dans

*An-*

quel il auroit cedé fa monarchie à la maifon de *Bourbon*, qui n'avoit jamais difcontinué de le tourmenter, & de faire du tort à fa famille Royale, & en privant fes Parens pour lesquels il avoit toujours été fi bien intentioné pendant toute fa vie, & qui par reconnoiffance l'avoient

*Anthonii Fabri Europæifchen Staats-Cancelley* part. V. & pag. 734. 781. chaque ligne de note qu'il a été fabriqué en *France*, & les paroles qui fuivent le trahiffent : ,, Je veux qu'auffi-
,, tot que Dieu m'app ellera de ce mon-
,, de le Duc d'*Anjou* foit nommé &
,, declaré Roi de ce vafte *Empire*, fans
,, confiderer tous les autres actes &
,, renonciations NB. injuftes & mal-
,, fondés. ,,    Il eft incomprehenfible que le Roi *Charles* eût pû declarer iniques & fans fondement les actes de paix jurés, & les renonciations folemnelles, les ayant toujours defendus, pendent tout le cours de fa vie par la plume & par l'Epée contre la *France*, appellant la moitié de l'*Europe* à fon fecours,

l'avoient fecouru dans toutes les occa-
fions, & auxquels il venoit, pour ainfi
dire, de depecher le Duc de *Moles* en
qualité d'Ambaffadeur extraordinaire
pour traiter touchant fa Succeffion. Au
moins il eft certain, qu'en s'uppofant,
que le Roi *Charles* II. ait foufcrit ce Teftament, ce n'a été que dans un tems
où il étoit extrémement affoibli par fes
maladies, & aprés lui avoir infpiré la
crainte de ce Traité de partage, pour
fonger à un Succeffeur, qui pût garder fans aliènation la Monarchie *Efpagnole*, que dans ces circonftances il auroit
été facile au Cardinal *Portocarero*, avec
l'aide & le confentement de fes autres
adherans ( *p* ) de contraindre le Roi
Q 5 agoni-

( *p* ) Les Principaux, Don Manuel *Arias*,
Don Manuel de *Lara*, Don Antonio
de *Ubilla* firent l'Inquifiteur General
Comte de *Benevent* Secretaire d'E-
tat. On fit inferer dans le dit Teftament cet article, „Que l'adminiftra-
„ tion de la Regence feroit confiée à
leurs

agonifant à fouícrire avant fa mort ledit
Teſtament, dont le Plan étoit venu de
*France.* Outre que ce Teſtament étoit
trés ſujet à caution, il n'auroit pû abſolument avoir eû lieu, ſi même on a-
voit obſervé, en le faiſant, toutes les formalités requiſes, ainſi, que l'aſſure, entre autres Ecrits de l'Hiſtoire, touchant
la Politique & le droit, un ſavant *Eſ-*
*pagnol*, nommé *Jean Alvares da Coſta*,
dans ſon Livre intitulé *Auguſta*, ſeu *Ca-*
*rolus* III. *Rex Hiſpaniarum aſſertus*, & un
grand miniſtre d'Etat de *Vienne* l'a encore plus confirmé (*q*). Car comment
le

„ leurs ſoins, jusqu'à l'arrivée du Duc
„ d'*Anjou*, & que la Reine douairiere
„ y pouvoit auſſi aſſiſter, ſi bon lui
„ ſembloit.

(*q*) L'Ambaſſadeur Imperial *Louis* Comte de *Harrach*, reçut d'abord aprés le
mort du Roi *Charles* une copie du dit
Teſtament, & ſurtout du paſſage concernant la Succeſſion des Etats, d'*Eſ-*
*pagne*, & proteſta à l'inſtant, moyenant

le Roi auroit-il pû avoir eû le pouvoir de disposer de la Succession future, contre tous les droits, contre tous les Traités, & Contracts au prejudice de sa maison, &

nant son Caractére, contre cette derniere disposition; declarant, que ce Testament étoit nul & invalide, principalement l'article qui detruisoit les droits inconteftables que Sa Majesté l'Empereur avoit sur toute la Monarchie *Espagnole*, il écrivit, qu'il en donneroit avis à sa Cour, &, qu'il en attendroit les ordres : Cette protestation fut acceptée, & enregistrée de la *Junte*, & aussitot que ce Comte eut reçû les ordres qu'il attendoit, il reitera & confirma la protestation qu'il avoit faite le 6. Novembre au nom de Son Augufte Principal, le 17. Janvier 1701. Conçuë en ces termes : „ Le Comte *Louis* de *Harrach*, Am- „ baffadeur de S. M. Imperiale auprés „ de S. M. *Catholique* ayant donné avis „ à son Maitre de la declaration qu'il „ a faite dans un Ecrit de Proteftation „ le 6. Novembre de l'année derniere
con-

& aux depens de la Monarchie? fi donc
le Teftament a été de nulle valeur l'obligation fubfiftoit par laquelle le Roi de
*France* fe defiftoit, par la Renonciation
de

„ concernant la nullité & l'invalidité
„ des Claufes contenuës dans le Te-
„ ftament du feu Roi *Charles* de glo-
„ rieufe memoire. Sa Majefté Impe-
„ riale a donné des ordres précis au-
„ dit Comte de *Harrach* de renouvel-
„ ler le tout en fon nom : NB. plai-
„ nement convaincu, que ce n'a pas
„ été l'intention du Roi defunt, ni
„ qu'il ai dependu de lui de faire une
„ telle difpofition, puisque la monar-
„ chie *Efpagnole* tomboit aprés la
„ mort du Roi, fans laiffer de fes pro-
„ pres Heritiers, à la perfonne de l'-
„ Empereur, par la renonciation de
„ l'Infante *Marie Therefe* Reine de
„ *France*, confirmée par ferment &
„ ratifiée par la paix des *Pirenées*; &
„ affurée NB. d'une maniere inconte-
„ ftable par le Teftament & derniere
„ volonté du Roi *Philippe* IV. en
„ mourant : C'eft pourquoi tout ce
qu'on

de fon Epoufe, dans la paix des *Pire-nées*, de tout droit, & de toutes pré-tentions fur l'*Efpagne*. On y étoit con-venu des deux côtés, avant & non aprés
la

,, qu'on a fait contre cet article eft
,, de nulle valleur, & fans aucun ef-
,, fet, & comme abfolument tortio-
,, naire & prejudiciable aux droits in-
,, difpenfables de Sa Majefté Imperia-
,, le, refervés, & ufités dans toutes
,, les formes & manieres : & le Com-
,, te de *Harrach* publia cet ordre de
,, la part de Son Souverain, par un
,, Ecrit de fa propre main. ,, Aprés
avoir fait tenir cette proteftation à la
*Junte*, l'Ambaffadeur fe retira, voyant
fort bien qu'on n'obtiendroit rien de
ce miniftère *François* & *Efpagnol* par
la plume, & par les Remontrances
de la Juftice la plus claire. Mais on
peut voir ce que les *Efpagnols*, qui
n'étoient pas fous la dependance des
*François* penferent de cecy, dans la
notification que Don Francefco Berdo
de *Quiros* Ambaffadeur d'*Efpagne*
adreffa à Leurs Hautes Puiffances le
24.

la conclufion du mariage, que la Reine de *France* renonçoit non feulement pour Elle, mais encore pour tous fes defcendans. Elle n'y a pas été engagée par fraude, ni par crainte, mais uniquement par un choix libre & de fon propres mouvement. On ne peut pas dire qu'il fe foit commis aucune injuftice, ni exception dans cet acte, fans fe taxer foi-même d'iniquité, vû que les Princeffes de *France* font incapables de fucceder, ainfi on pourroit fe fervir de la même exclufion par droit de reprefailles, & par celui du Talion. Car la vigueur que les *François* attribuent à leurs Loix *Saliques*, par lesquelles ils exclurent la Reine d'*Angleterre* de la Succeffion, quoiqu'Elle y avoit un droit bien plus grand, & on fe garda bien de penfer à une Renonciation auffi convenable aux Loix fondamentales des autres

24. Novembre 1700. & que *Faber* a inferé dans l'*Europæifchen Staats-Cancelley*, Part. 5. Cap. 8. Num. 17. pag. 830.

tres nations, aux Traités de paix jurés,
& aux actes conlus & confirmés dans
les Familles. Les *François* ne veullent
pas permettre à leur Roi d'aliéner, ou
de ceder une seule Province, quand
bien même elle seroit conquise, sans le
consentement de tous ses vasseaux, &
du Parlement, quoiqu'il le fasse sous
serment, & de la maniere la plus solemnelle, ils se croyent en droit de le
casser & annuler ( r ). Donc sous quelle
ap-

( r ) Sous ce faux fuyant ils ont rompu
beaucoup de Traités de paix, conclus
avec *Charles* V. & *Philippe* II. Sous ce
pretexte *François* I. ne voulut pas accomplir ce qu'il avoit promis par
serment. L'Auteur du Livre intitulé
*Les Interêts des Princes discutés*, dit
touchant les droits de la Monarchie
*Françoise*, ,,C'est une regle generale
,, en *France*, que le Roi n'est pas he-
,, ritiér de son Pere, se nommant
,, heritier de la Couronne, il ne paye
,, les dettes, que son Predecesseur à
,, contractées, que quand il lui plait.
NB.

apparence de Justice pouvent-ils prétendre que les autres Nations doivent
alterer les Ordonnances établies, & con-
descendre, malgré les renonciations,
de laisser plein pouvoir à leurs Rois de
disposer des Royaumes entiers à leur
insçû & sans leur consentement, de
propos deliberé, & au préjudice irre-
parable de leurs proches parents, pour
les transferer legerement dans une maison étrangére, & causer par là depuis
plusieurs Siecles les malheurs de la monarchie.   On ne pouvoit pas non plus
dire, que la renonciation de l'Infante
d'*Espagne*

„ NB. Il nose tenir les conventions
„ qui derogent aux Loix, & à l'or-
„ donnance établie, ni permettre l'a-
„ lienation de ce qu'ils ont une fois
„ pour toutes uni à la Couronne.„ Il
paroit que depuis que les Refugiés de
*France* se sont établis en *Allemagne*,
ils ont enseigné & communiqué
ces maximes & ces finesses aux Princes qui les ont le plus protegés, &
peut être que la *France* se trouvera un
jour desarmée par ses propres armes.

d'*Espagne* contenoit quelque chofe de nouveau, ou d'injuftice; puisqu'on agiffoit de même cy devant, en mariant des Princeffes d'*Espagne* avec des Princes *François*, fuivant l'Exemple de la precedente Reine de *France*. Elle fe fit en termes exprés & fans exception. Le Roi *Louis* avoit murement reflechi à cette affaire, & y confentit, non par force, mais de plein gré. Car fuivant l'aveu des *François* mêmes, ils tiroient un grand avantage de la paix des *Pirenées*, ils ne pouvoient être contraints de fe préter à cette Renonciation, s'ils ne l'avoient pas trouvée jufte, équitable, & bien fondée. Au refte toutes les circonftances de ce Teftament forgé (*s*)

R                              n'ont

_____

(*s*) On trouve un rapport fidelle & ample de toutes les menées de la *France*, au fujet du Teftament fuppofé, dans les memoires, & les negotiations Secretes de diverfes Cours de l'*Europe*, contenant tout ce qui s'y eft pafsé depuis le premier Traité de partage de

la

n'ont pas eû la moindre apparence de droit, & la maison d'*Autriche* avoit les plus justes prétentions sur cette Monarchie selon les Loix tant divines qu'humaines.

## Chapitre XXXVIII.

Cependant, comme le Roi de *France* n'avoit pas l'ombre de Justice, il chercha les moyens de se maintenir dans cette possession inique à forces ouverte & par des intrigues secretes, il prévoyoit, que quoique l'*Angleterre* & la *Hollande* toutes surprises, se taisoient dans le commencement, Elles ne pourroient longtems souffrir cette injuste augmentation de ses Etats (*t*) ni supporter

la Succession d'*Espagne*, jusqu'à la communication du second par le sieur de la *Torre*.

(*t*) Pour mieux tromper les Puissances de l'*Europe* on avoit reglé, que le Duc

porter l'affront qu'on leur avoit fait.
C'eſt pourquoi il chercha des detours
avec Elles, ſuivant ſa noble coutume,
en propoſant des nouveaux Traités à
la *Haye*, étant toute fois bien reſolu de
ne pas agir ſerieuſement, ni avec probité : Il eſperoit par là gagner du tems
pour approfondir leurs deſſeins, afin
de cauſer des diviſions, de s'ancrer plus
fortement, & de ſe mettre mieux en
état de faire la guerre. Ce projet réuſ-
ſit en partie, retenant longtems les armes des Alliés en ſuſpend par des tours
de paſſe paſſe. En *Italie*, il rangea de ſon
coté le Duc de *Mantoue*, maiſon origi-
naire de *France*, & jamais portée pour
celle d'*Autriche*, il lui fit un nombre infini de promeſſes, l'engagea dans une
Felonie contre l'Empereur, & lui faſci-

R 2                                    na

Duc d'*Anjou* renonceroit à la Monarchie *Françoiſe*, mais on n'en fut pas
la dupe, car on ſavoit trop bien, par
la conduite que la *France* tenoit alors,
qu'Elle n'accompliroit aucun de ſes
engagemens.

na tellement les yeux, qu'il prit des Troupes *Françoises* dans sa Principauté & dans ses Forteresses. Le Duc de *Savoye* Allié à la maison de *Bourbon*, ayant épousé la Princesse ainée du Duc de *Bourgogne*, ressera ce noeud par le mariage de sa Fille Cadette avec le Duc d'*Anjou*, pretendu Roi d'*Espagne*, & se laissa aussi tromper par de grandes promesses, on lui accordoit l'interêt de l'Etat, & les Conquêtes aisées des Fiefs en *Italie*, sur tout une bonne partie du Duché de *Milan*. *Louis* XIV. suscita aussi en *Empire* des guerres Allemandes à la maison d'*Autriche*, engageant l'Electeur de *Bavierre* à prendre le parti de la *France* aux depens de son bonheur & de sa tranquilité, le flattant de la douce esperance de pouvoir s'emparer dans ces circonstances maratres de toute la *Souabe*, & de la garder sous le Titre d'un Royáume. On engagea aussi de la même maniere l'Electeur de *Cologne*, au quel on avoit si fortement disputé la dignité Electorale, & de laquelle cet

Ele-

Electeur étoit redevable à l'*Autriche* :
Celui-cy s'entêta si fort, que malgré
les priéres de ses Chanoines & de ses
sujets, malgré toutes les remontrances
de l'*Empire*, & toutes les exhortations
Imperiales, il prit des armées comple-
tes des *François* dans l'Archevêché de
*Cologne*, & dans l'Eveché de *Liège*, sous
le nom de Troupes circulaires, & comme le Doyen de Liège, nommé le Baron de *Mean*, n'y voulut pas consentir,
il le mena prisonier avec beaucoup d'-
autres hors de l'*Empire*. Ces heureux
succés en orgueillirent de plus en plus
la *France*, qui attaqua à force ouverte
plusieurs Princes de l'*Allemagne*, les traitant indignement, & s'appropriä des
Etats independens de la Monarchie
*Espagnole*, & dont le feu Roi d'*Espagne*
n'auroit pas pû disposer au préjudice
de l'Empereur & de l'*Empire*, quand
bien même il l'auroit pû le faire de la
Monarchie d'*Espagne*, en ce que c'étoit un
Patrimoine ( *u* ) & Elle devint si temeraire,

R 3

( *u* ) Le Duché de *Milan* est venu à la
maison

raire, que le Duc d'*Anjou* commença à
s'arroger le Titre d'Archiduc d'*Autriche*,
Comte de *Habsburg* & de *Tirol*. Enfin
Elle excita de son mieux l'*Empire* contre soi-même, & contre son chef; ainsi
que les membres assemblés alors à *Ratisbonne* en parlent eux mêmes. Elle se
mela dans toutes les affaires de l'*Empire*
quelles qu'elles fussent. Elle opprima
les droits, & l'Autorité de ce Collège
respectable, elle eut l'effronterie de lui faire des Loix pendant la paix, avec une hauteur & une arrogance inouïes, & n'ou-
blia

maison d'*Autriche* par la Lignée d'*Espagne*, en vertu de Fief, & les Rois
d'*Espagne* y ont reconnu la Souveraineté de l'Empereur, car la Famille de
*Sfortia* venant à s'éteindre dans le 16.
Siécle, l'Empereur *Charles* V. confe-
ra ce Duché comme un Fief de l'*Empire* à son fils *Philippe*. C'est ce que
*Sleidanus* expose Livre X. Chap. 21.
*de Rebus Caroli* V. de même que le
*Reichs-Abschied* de 1542 §. 3. & Herm.
*Corring* Livr. II. Chap. 23. de Finibus
Imperii, & Puff. in Monzanib.

blia rien de ce qui pouvoit avilir &
opprimer totalement la nation *Teutoni-*
*que*, à anéantir fa Liberté, & à fubjuguer les membres fideles de l'*Empire*,
pour pouvoir arriver à fon bût, qu'Elle
recherchoit depuis fi longtems, je veux
dire la monarchie univerfelle de l'*Eu-*
*rope*, & pour s'y maintenir. Or de même que *Louis* XIV. en a agit contre l'augufte maifon d'*Autriche*, & contre la
nation *Allemande*, de même s'eft Elle
auffi comportée contre *Guillaume* Roi d'-
*Angleterre* (*w*). La *France* l'avoit recon-

R 4　　　　　　　na

(*w*). Ce monarque éffuya bien des an-
goiffes de la part de la *France*, qui empecha au commencement qu'il ne dé-
vint le Vicaire d'*Hollande*, mais Elle
ne fit que blanchir contre la Prudence & le courage invincible de ce
monarque. De Sorte que *Louis* ne
pouvant plus parvenir à fes fins, eût
recours à des faillies, & à des pauvre-
tés indignes d'un grand Prince, faifant mettre fur l'adreffe de la Citation
tou-

nu pour legitime Roi, dans la paix de *Riswick.* Mais auſſitot aprés la mort de *Jaques* I. le Roi de *France* declara ſolemnellement Roi de la *Grande Bretagne* ſon fils ſuppoſé, le Pretendant d'aujourd'hui. Aprés tous ces procedés inouïs, il voulut perſuader au Roi *Guillaume*, & aux autres Princes de l'*Europe*, qu'il n'entreprenoit rien contre la derniere paix, & qu'il reconnoiſſoit le Roi *Guillaume de facto,* & *Jaques* II. pour un Roi *de Juré*, montrant clairement par cette explication ambiguë, qu'il ne cherchoit qu'une occaſion favorable pour la faire valoir. Les *Hollandois* devenus plus circonſpeĉs aprés l'attaque cruelle de l'année 1672. éprouvant ce que c'eſt que d'avoir pour voiſins des *François* perfides (*x*) & courant

touchant le Duché d'*Orange. A Guillaume Prince de Naſſau, & Bourgeois de la Haye.*

(*x*) On s'eſt tenu depuis longtems ſur ſes gardes par raport au voiſinage des *Fran-*

rant de grands d'angers de leur part,
parcequ'ils s'étoient rendus maitres de
presque tous les *Pais Bas Espagnols*. Ils
pouvoient furement compter, qu'Elle

R 5 em-

*François. Le Symbole de la Reine
d'Angleterre* étoit, *Gallum amicum,
sed non vicinum habeas. Et* le Pape
*Leon* X. fit faire par fon Secretaire à
*Venise*, nommé *Pierre Bombum* la re-
prefentation suivante, qui eft fort energique à la Seigneurie. *Che considerar
dovea bene il Senato che in vece di procurar sicurezza maggiori alle cose sue,
non Venisse à d'affretta la propria rovi-
na: Conciosiache tal'erano del Francesi
la naturatezza, & di costumi, che ne-
meno alla larga era giovevole la loro ami-
citia. La quale doveasi procurare da
Lungi, non già dà presso, che ne una fe-
delta ó costanza attender poteasi dà que-
ste genti ch'aveano la ciata la difesa del
Rè di Navarra, per loro cagione sposses-
sato dello stato, & abandonati baveano
i Venetiani lor confidenti per la lega di
Cumbrac. Che deveasi procurar di tener
molto lontano d'all'Italia L'armi Francesi,*

empiéteroit sur leur Republique, aussi
bien que sur les Etats *Autrichiens*, dés qu'-
Elle se verroit bien affermie dans les 10.
autres Provinces, & en bon état de porter

*desi, non vi essendo cosa maneo credibile,
che i Francesi possedendo lo stato di Milano, bavessero à vitenersi eutro di lore
stessi, senza occupar gli stati altrui.* La
Lettre de *Valckenier*. Envoyé d'*Hollande*, est sur tout digne d'atention,
& qu'il écrivit au Canton de *Berne*
en *Suisse*. Disant, „La Cour de *Fran-
„ce* a songé de tout tems, & princi-
„palement sous le Regne d'aprésent,
„ à se procurer la monarchie univer-
„selle, chose que les Ecrivains *Fran-
„çois* ne peuvent nier, ni cacher
„eux mêmes, & que la plus grande
„partie du monde *Chretien*, a éprou-
„vé avec beaucoup de danger, de
„desavantage, & de douleur. Cette
„Couronne a exercé en tems & lieu
„la monarchie universelle, soit con-
„tre les amis, ou les ennemis, soit
„contre le *Chretien*, soit contre le
„*Turc.* Elle ne peut pas souffrir les
Al-

ter atteinte aux Traités de paix conclus
avec l'*Espagne,* fur lesquels la Liberté de
la Republique étoit fondée, par de
fauffes interpretations, & qu'Elle ren-
ver-

    „ Alliances des autres Puiffances, qui
    „ ne tendent qu'à la fureté de l'un &
    „ de l'autre : Elle ne tient parole qu'-
    „ autant qu'Elle eft conforme à fes
    „ interêts : Elle tâche de tordre le
    „ fens de tous les Traités, & cela à
    „ fon avantage : Elle pretend toujours
    „ de fes Alliés au de là de ce qu'exi-
    „ gent les conventions : En un mot
    „ Elle eft une Déeffe infatiable, vou-
    „ lant qu'un chacun encenfe aveugle-
    „ ment fon ambition, lui facrifie fes
    „ propres interêts, & deroge pour
    „ l'amour d'Elle à fa liberté & à fa
    „ Souveraineté, fi non Elle le regar-
    „ de comme fon ennemi. Tout ce-
    „ la eft l'effet de la fusdite monarchie,
    „ qui étant univerfelle, ne peut avoir
    „ égard, ni aux voifins, ni à perfon-
    „ ne : Nous en avons des temoigna-
    „ ges bien deplorables. Icy point
    „ d'amitie, point de bienfaits, plus

                            • nous

verſeroit le tout parforce. Les Chambres de Réunion établies à *Metz* & à *Briſac* firent conjecturer que probablement on réuniroit ſous ce même pretexte les 17. Provinces, & qu'on aneantiroit bien tot leur Republique.

CHA-

„ nous nous attachons, plus on ſe refroidi, plus nous cedons, plus on nous aviliſe, dés qu'on offre un œuf à la *France*, Elle veut avoir un bœuf. Que le confiance peut on avoir en cette Couronne, qui ſe jouë de Dieu, des hommes, & des choſes les plus ſerieuſes? En une Couronne, dis-je, qui ſe rend coupable de toute ſorte d'abominations, pour aſſouvir ſon ambition demeſſurée, & qui ſacrifie de gayeté de cœur le bonheur de ſes Royaumes, & celui de ſes voiſins à cette paſſion dominate. „ Voyés Ant. *Fabri Europæiſche Staats - Cancelley* part. I. Faſciculo IX. n. 7. p. 224.

# CHAPITRE XXXIX.

Toutes ces Injustices de la part de la *France*, auxquelles on ne pû remedier, ni par les remontrances, ni par les exhortations, ni par les prieres, la rendirent toujours plus orgueilleuse, & occasionnerent une Alliance que l'Empereur *Leopold* contracta en 1701. le 17. Septembre avec le Roi d'*Angleterre*, & avec les Etats Generaux contre la *France*, afin de mettre des bornes à son arrogance insuportable, de maintenir les droits incontestables de la maison d'*Autriche*, & de defendre sa propre sûreté. (*y*) L'*Empire* s'y vit contraint, tant pour ne pas abandonner son Chef dans une si juste cause, que parcequ'on lui arrachoit divers Fiefs en *Italie*, & que le Roi les avoit attaqués sans aucune raison solide de côté & d'autre en *Allemagne*;

rava-

(*y*) Cette triple Alliance se trouve dans Ant. *Fabri Staats-Cancelley* part. 6. Cap. VII. num. 9. p. 434.

ravageant, faccageant, & mettent tout fous contribution, & en ruine, fans faire mine de vouloir difcontinuer, ou de laiffer joüir de la paix aux membres de l'*Empire* (z). Le Roi de *Portugal* ne laiffa pas auffi d'examiner la foudre prochaine, pouvant facilement comprendre, que les *François* ne manqueroient pas de faire valoir, avec plus de force, que n'avoient fait les *Efpagnols*, les pretentions fur fon Royaume, il fe preta donc de même à cette grande Alliance, dont le but étoit ce principe du Droit de

(z) Lifés le manifefte Imperial de guerre, publié contre le *France*, le 15. May 1702. de même, que le Decret de Commiffion, que le Commiffaire principal & Imperial, *Jean Philippe* Cardinal de *Lamberg*, Evêque & Prince de Paffau infinua à l'Affemblée de *Ratisbonne* le 7. Juil. 1702. & principalement le refultat de 3. Colleges, membres de l'Empire fur le Decret Commifforial de l'Empereur le 28. Sept. 1702. dans *Fabri Staats-Cancelley*. part. 7. Cap. 13. n. 2. p. 634. 640. & 665.

de la nature, *suum cuique tribuendum.* Le Duc de *Savoye*, affiègé de toute part par la Puiffance des *François*, & expofé à tout moment à être degradé, ou à devenir leur Vaffal, commença à fe repentir de s'être égaré dans un Labyrinthe, d'où il ne fe pouvoit préfque plus retirer, par des mariages reciproques, & fur des promeffes faites en l'air, chercha donc à fecouer ce joug avec le fecours de fes Alliés, qui fe fondoient fur la Juftice pour fe fouftraire au danger, & pour recouvrer leur premiere Liberté. Il feroit feulement à fouhaiter, qu'il eût été plus reconnoiffant envers fes fidelles Alliés qui l'avoient fecouru, & qu'il eût preferé la jufte caufe, & le veritable interêt de fes Etats à une politique frivole & à des fauffes promeffes, au lieu d'avoir voulu nager entre deux Eaux, & d'avoir panché du côté de la *France.* Cependant l'Empereur *Leopold*, & *Jofephe*, Roi des *Romains*, transfererent d'abord tous leurs droits de Succeffion fur la monarchie d'*Efpa-*
*gne*

gne à leur Fils, & Frere Cadet l'Archiduc *Charles*, qui fut declaré, sous le
nom de *Charles* III. heritier legitime,
& Roi de tout l'Empire *Espagnol*, pour
prevenir par là toutes les chicanes mal
fondées de la *France*, par raport à l'Excés pretendu de puissance de la maison
Archiducale d'*Autriche*, funeste à l'*Europe*, si tous les Païs *Autrichiens* devoient
être une sous un seul chef. Le nouveau monarque partit encore la même
année pour l'*Espagne*, afin de prendre
possession du Trône de ce Royaume.
Dieu benissoit aussi les armes des Alliés
sous la Regence de cet Auguste Roi,
& sous la conduite du Prince *Eugéne*,
& du Duc de *Marlborough*, ces deux in
comparables Heros, & la *France*, affoi-
blie par beaucoup de defaites, sur tout
par la Bataille d'*Hochstet*, auroit infailliblement lâché prise, & cedé au Roi
*Charles* l'entiere possession de sa monarchie, si Elle n'étoit parvenue à force
d'intrigues à diviser les armes des Alliés, & par là tout à fait au but, où Elle
ten-

-tendoit. Le Roi *Louis* XIV. y travailla
déja l'an 1708. envoyant ses Plenipo-
tentiaires, de *Torcy*, & de *Rouillé*, à la
*Haye* sous le faux fuyant de faire des
propositions de paix; mais en effet pour
tirer les Vers du nez des Alliés, pour
les rendre suspects l'un à l'autre, pour
prolonger la guerre, & accuser ensuite
la maison d'*Autriche* de dureté touchant
la paix statée. Pour cette fin il mit de
nouveau un Traité de Partage sur le
Tapis, voulant diviser la Monarchie d'-
*Espagne*, se figurant qu'ayant si bien
reussi ci devant, il trouveroit aussi son
compte dans celui-cy, entant qu'il donneroit occasion à la separation, & aux que-
relles des Alliés, savoir qui d'eux auroit telle, ou telle partie: se flattant de
pouvoir alors s'approprier de la plus considerable. Mais les Alliés dupés la premiere fois, & par là devenus plus circon-
spects ne vouloient absolument pas leur
donner Audience, & les renvoyerent in-
fructueusement. Il proposa ensuite
des conditions plus acceptables, entre
S
les-

lesquelles qu'il reconnoitroit *Charles* II.
pour Roi d'*Espagne* & porteroit même
son petit Fils à lui ceder la monarchie,
mais on ne fit pas fond sur ces paroles
trompeuses, puisque la *Hollande* representa qu'on avoit à faire avec un ennemi qui ignoroit la signification du mot
*Fidelité* & bonne Foi ( a ) & l'on exigea
de fûretez pour le nén rien spour

(a) Le Résident *Hollandois* à *Ratisbonne*
se sert de cette Expression dans un E-
crit qu'il addressa aux Membres de
l'*Empire* & au nom de leur Hautes
Puissances le 19. Nov. 1707. ,,Qui
,, pourroit s'attendre, dit-il, qu'on
,, pût se reposer sur des Traités de
,, paix avenir & sur leur subtilité,
,, d'experience n'a t'elle pas demontré,
,, qu'aussi peu que les mopes sont
,, blancs, & les Tigres sans taches NB.
,, aussi peu la *France* avoit Elle obmis
,, jusqu'ici soins & peines pour tordre,
,, & rompre les Traités, de sorte que
,, cela donna autrefois sujet à un fa-
,, meux Ministre d'Etat, de dire NB.
,, que la bonne foi & la Fidelité des
,, *François*, pendant & après les Trai-
                                      tés,

pour fûreté de fa voiture la Ceffion de quelques Fortereffes, au moyen de quoi on vit que la *France* n'avoit penſé à rien moins qu'à une Reſtitution & à une paix ſolide. Les Ambaſſadeurs *François* s'ex-cuſérent ſur ce qu'ils n'étoient point muni d'Inſtructions expreſſes, & comme le Roi en fut requis, il ſe ſervit de mille ſubterfuges pour le n'en rien fai-re, & pour pourſuivre la guerre, mais n'ayant ni bonheur, ni Bénédiction, il fit encore des Propoſitions de paix l'an 1710, tenant les confédérés 2. mois en ſuſpend, promettant quaſi autant que la premiere fois (*a*). Cependant il fit voir au

à peine auſſi longtems que l'âge, ſur l'Antiquité d'un Ver *Mr. Bayle*, *Voyés* la 1<sup>re</sup> part. de la *Satire Carcelly* Cap. 6. Art. 27. p. 516.

(*b*) Lorsque le Roi de *Suede*, *Charles XII* fut en *Saxe* avec ſon Armée vi-ctorieuſe, la *France* employa des pei-nes infinies & des ſommes immenſes pour

au milieu des Conferences, qu'il n'agiffoit rien moins que ferieufement, il
nomma le Fils ainé du Duc de *Bourgogne*, Duc d'*Anjou*, montrant par là que
le veritable Duc d'*Anjou* devoit refter
en *Efpagne*, vû qu'on avoit deja conferé
& fon Titre & fon Duché à un autre.
Enfin comme le point effentiel vint fur
le Tapis, s'avoir, fi la *France* laifferoit la
monarchie d'*Efpagne* à l'*Autriche*, la cedant
entierement au Roi *Charles* III. Elle n'en
voulut rien favoir, & revint à la charge avec un Traité de Partage, par lequel le Congrés fe rompit. Or ce qui
jusques là manqua par tout réuffit enfin
à la Cour de *Londres*. Le Marechal de
*Tal-*

pour l'animer contre l'Empereur &
les Alliés; mais les vaftes Deffeins de
ce Roi fur la *Ruffe*, fa precaution de ne
pas fe meler dans des Affaire étrangeres dont l'Iffue étoit incertaine, & la
Prudence de l'Empereur, accordant
aux *Suedois* les Articles pretendus fur
tout les Reprefentations des autres
Alliés, fit échouer l'efperence & les
peines que la *France* fe donnoit.

*Tallard* prifonnier avoit des talens pour decorer bien autrement la Scêne, il rendit fufpect les Miniftres affidés & les Generaux vaillants, & gagna les autres par des fommes immenfes, qui perfuaderent la Reine *Anne*, de faire une paix particuliere avec la *France*, contre les termes exprés de la Ligue, & d'abandonner legerement fes Fideles adherans, ce qui fut caufe que l'un aprés l'autre fuivit fon penchant & fe preta à une paix feparée (*c*). Il étoit d'autant plus aifé

S 3

(*c*) Tant que l'*Empire*, l'*Angleterre* & la *Hollande* agirent de concert contre *Louis* XIV. & tant que le Prince *Eugene*, & *Marlborough* ont été unis, ils ont été Vainqueurs. Mais dés que l'*Angleterre* delaiffa fes Alliés, *Louis* XIV. s'eft relevé à l'inftant. Voyez l'*Anti-Machiavel*, depuis ce tems là la *France* a toujours été le Coq de l'Affemblée, & a volé avec fes ailes dans les Jardins de fes Voifins pour les gater. Le Comte *Rabutin Buffi fait* le Jugement que voicy dans fes Lettres Tom.

aisé aux *François* de les y perfuader, que
la mort prématurée de l'Empereur *Jofephe* de glorieufe mémoire furvint dans
ces entrefaites, & que fon Augufte Frere
*Charles* fucceda à la Dignité Impériale &
aux Etats hereditaires. Les *François* ti-
rerent de là occafion pour chanter leur
Vaudeville de vielle compofition, avec
lesquels ils avoient déja fi fouvent amufé
le monde, favoir la Puiffance immode-
rée de l'*Autricbe* fous un feul Eebef &

Tom. VII. Lettre 17. p. 258. "fi la
„ Divifion fe met parmi les Confe-
„ derés, le Roi fera bientôt le Maître,
„ & pour peu que leurs interets les
„ desuhiffent nous acheverons de les
„ feparer. C'eft à cela que nôtre Ar-
„ gent fera bien employé. Il donné encore le Confeil fuivant. "Si
„ nous pouvons défunir les Confe-
„ derés, cela vaudra mieux pour nous
„ que de prendre des places, ou que
„ de gagner des Batailles. Tous les
„ deux conteront de l'Argent au Roi,
„ mais dans l'un il conferve fes hom-
„ mes. Tom. VI. Lettre 221. p. 262.

trouverent afcendant chez plufieurs,
qui n'envifagerent pas murement cette
affaire: de forte que l'Empereur & l'-
*Empire* fe voyant à la merci par l'abandon de leurs Alliés ( *d* ) furent contraints
S 4 de

( *d* ) La paix avec la Reine d'*Angleterre* &
la *France* étoit longtems avant refo-
lue, mais elle fut premierement fou-
forte à *Utrecht* le 11 Avril l'an 1713.
& fe trouve dans la *Staats-Cancelley*
part. 22. p. 593. dans la 699. page on
y lit la paix avec la *Hollande*, celle a-
vec la *Pruffe* p. 769. celle avec le *Portugal*, p. 783. & celle avec la *Savoye*
p. 792.    Enfin la paix fe fit auffi
avec l'Empereur & l'*Empire* le 7. Sept.
1714. & même en *France*, à *Bâde* dans
le Diftrict d'*Ergan*, inferée dans le fus-
dit *Staats-Cancelley* part. 24. p. 611. & fut
rompuë infolement par la *France* l'an
1733. par une nouvelle Invafion.   Le
Bar. de *Lifola* a fait une peinture tout
a fait reffemblante & exate du genie
de la nation *Françoife* dans fon Bouclier d'Etat & de Juftice pag. 259.260.
„ Le Genie de la Nation eft naturelle-
ment

de faire la paix de *Bâde*, bien que l'Empereur ne reçût de toute sa Prétension sur l'*Espagne* que les *Pais-Bas*, & les Etats d'*Italie*, cedant en attendant la Possession

„ ment porté aux armes, ardent, in-
„ quiet, ami de la Nouveauté, avide
„ des conquêtes, prompt, agissant &
„ flexible pour toutes sortes d'Expe-
„ diens, qu'il juge propres à ses Fins. „
En effet il est constant que le Genie de la Nation ne peut pas souffrir qu'il subsiste longtems dans l'oisiveté de la paix, il faut de l'Aliment à ce feu, & si on ne lui en donnoit pas au dehors, il s'en formeroit de lui même des matieres au dedans. Il ne reste aux Cadets de la Noblesse que la guerre, & la Filouterie pour se tirer de la misere, d'où il arrive que ce Royaume se trouve rempli d'une Jeunesse oisive & bouillante pret à tout entreprendre & qui cherche de l'exercice pour sa Valeur aux depens de qui que ce soit. C'est pourquoi on reprit de rechef les Armes en 1741. Mais Dieu qui abhorre les Actions iniques, Amateur & Fau-

fession de toute la monarchie d'*Espagne*
au Duc d'*Anjou*, pour tant l'infatiable
cupidité de la maison de *Bourbon* n'en
pût être affouvie, puisque le Roi d'-

*Espagne*

Fauteur de la Juftice, enfin Dieu qu'on
nomme Pacificateur, peut il fe plaire
dans ces deffeins injuftes, & dans ces
Entreprifes étourdies, dans lesquelles
toute l'*Europe* fut enveloppée, & tant
des Millions d'hommes rendus miferable? Voila une Queftion à laquelle un
monde *Chretien* & raifonnable ne peut
repondre autrement que, Non; Puisqu'il eft averé que Dieu a feverement
chatié l'irreverence des fermens, & la
Violation des Traités dans fon Peuple
les *Ifraelites*. Il arrive bien fouvent que
les Armes prifés injuftements profpérent, & l'arbitre des Cieux, & de la Terre
permet aux Mondains tel, ou tel progrés, tantôt pour punir le cedre jusqu'à l'hiffope, pour executer plus
glorieufement fes œuvres, & les mortels impuiffants ne peuvent approfondir fes Arrets. Cependant par l'admiffion ce Souverain des Souverains
n'au-

*Espagne* feu Philippe V. l'attaqua de nouveau sans rime & sans raison, lorsque l'Empereur debaraffa la *Chretienté* du Turc l'an 1717. Il employa à cette Campagne la Flotte & l'argent, tiré du Clergé pour fe defaire des Infideles. Mais

n'autorife point des Actions contraires aux loix fondamentales, & au Droit tant divin qu'humain. Dieu feul fe referve la diftribution des Couronnes & à les donner à qui il veut: Pourtant la *France* a maintes fois attenté à cette Prerogative divine. L'abregé que voici & la partie qui doit fuivre en donnera des preuves évidentes à tout l'Univers. Qui auffi peu que les *Moliniftes* & *Janfeniftes* fe reconcilieront, auffi peu la *France* difcontinuera-t-elle d'abîmer autrui pour s'agrandir, fi l'on ne tâche de reprimer cette avidité outrée, chofe facile à faire, & même fans coup ferir, pourvu que les Puiffances voifines le veuillent. La *France* ne fe contentera jamais à moins qu'Elle ne trouve un nouveau monde.

Mais aussi ces Desseins funestes s'eva-
nouirent avec l'aide de Dieu, par le secours
de l'*Angleterre* & par la Bravoure des
Troupes Imperiales. (*e*)

CHA-

(*e*) Qu'on se represente ce que l'on pourra se promettre à l'avenir de la *France* liguée avec l'*Espagne*, & avec d'autres Puissances formidables, vû qu'Elle profite déja de cette occasion, s'éri-
geant en Maître. Ci-devant Elle com-
battoit seule presque contre toute l'
*Europe*. Et nonobstant cela Elle a été
en Etat d'entretenir 4. puissantes Armées & d'opposer un bras ferme à tous
ceux qui osoient lui resister, ou lui
faire obstacle. De quoi ne viendra-t-
Elle pas maintenant à bout, si on ne re-
siste pas de toute ses forces contre Elle; deux Royaumes ruinés par des
guerres sanglantes sont regardés par
la *France* comme des ressorts pour parvenir à ses Fins. Comment l'*Angleterre* & l'*Allemagne* se soutiendront-
elles? Je laisse à part les autres Païs, où
la *France* a jetté la pomme de discorde.

La

## Chapitre XL.

Par cette narration en racourci on peut reconnoitre que la *France* ne peut en aucune façon s'approprier les louanges que tout le monde doit à l'Augufte maifon d'*Autriche*, favoir qu'Elle n'a poffedé parmi tous fes vaftes Etats la moindre Province à force de meurtres de rapines, d'affaffinats & de larmes des gens innocens, ou en chaffant les legitimes Poffeffeurs, pour annexer le tout à fes Etats (*f*). Je paffe fous filence

La Force de la *France* n'eft que trop connuë, & la fuite demontrera, fi l'on n'y contrevenient, que meffieurs le *François* fe couvriront un jour des Depouilles des *Allemands* & des *Anglois*.

(*f*) Ceux qui ont quelque teinture de l'Hiftoire fauront, que l'*Autriche* n'a poffedé un Païs de la largeur d'un pouce à mauvaife enfeigne, & qu'Elle n'eft montée, à ce haut point de

lence les Païs que les *François* ont ufurpés par ci par là du tems pafsé jufqu'à
l'Ere où nous fommes, & je ne ferai
pas mention fous qu'elle apparence de
droit ils y ont fruftré les juftes Maitres
direct, ou indirectement. Les preuves
en font claires, au refte fans fonger aux
Provinces que la *France* a détachées &
feparées de l'*Empire*, on pourroit faire un
long Catalogue des Royaumes, Duchés,
Principautés, Villes & feigneuries qu'-
Elle a oté de tems en tems à l'*Autriche*.
Le Duché de *Bourgogne*, la Comté d'*Ar-
tois* furent pris par *Louïs* XI. avec l'injuftice la plus atroce, & *François*
I. y renonça par ferment, promettant
folemnellement la Reftitution, & l'Eva-
cuation dans la paix de *Madrid*: la maifon d'*Autriche* n'en put pourtant rien
re-

de Grandeur que par des Illuftres Mariages, & par des Traités. Procedé
qui ne peut manquer d'être beni, au
lieu que tous les Ufurpateurs n'ont
jamais joüi à perpetuité de leurs Conquêtes iniques.

recouvrer. La Bretagne étoit la dot de
la promise, & même déja Mariée Épou-
fe de l'Empereur *Maximilien*, & Archi-
Duc, alors Roi des *Romains*, mais *Charles* VII. lui enleva, & l'Epouse, & le Duché d'une maniere, inouïe en presence
des Personnes d'un Rang distingué.
Avec combien d'avidité *François* I. n'at-
il pas aspiné aprés les Etats d'*Italie* écho-
ués à l'*Autriche*, & auxquels il avoit tant
de fois renoncé? Avec quelle Injustice
*Henry* III. ne prit-il pas à l'Empereur
*Metz*, *Toul* & *Verdun*? Quels tours *Henry*
III. n'at-il pas joué à l'Empereur en *Pologne*, & au Roi d'*Espagne* dans les *Païs-
Bas*? & combien d'ennemis n'at-il pas
suscité à la maison d'*Autriche* dans tout
l'*Europe*? Quelles Peines *Louis* XIII. ne
s'est-il pas donné par son Premier Ministre *Richelieu* pour l'abattre? Enfin qu'est-
ce que n'a pas entrepris *Louis* XIV. pour
depouiller cette Auguste maison de ses
Etats & pour lui causer une playe mortel-
le, & pour enchaîner l'Empire *Romain*?
Par ces Intrigues injustes la *France* a
arra-

arraché de *l'Autriche* toute l'*Alface*, la Comté de *Bourgogne*, une bonne partie des *Païs-Bas* & nombre d'autres Places, & Seigneuries, Forçant l'Empereur *Charles* VI. à abandonner presque toute la monarchie d'*Efpagne* à un Prince de *Bourbon*, qui nonobftant cela chercha à lui difputer encore ce que la *France* même lui avoit adjugé à la paix de *Bade*, & l'*Efpagne* à celle de *Vienne* homologué depuis par tant des Traités & Conventions, par une nouvelle guerre qu'on encama en 1733. après la mort d'*Augufte* Roi de *Pologne*. Des Politiques clairvoyants jugerent déja dans ce tems-là, que la *France* n'avoit pas tant à cœur la *Pologne*, que l'anéantiffement de la Succeffion reglée par l'Empereur *Charles* VI. mais puisqu'on ne voyoit à l'inftant d'autre occafion favorable pour renverfer la Sanction Pragmatique, & que les motifs manquerent à la Cour de *France* fertile en expediens, on eut recours au Fard. Il peut-être que le Roi de *France* & fon Miniftére ont plutôt fongé à la

la guerre, qu'a des raifons folides pour
l'entamer, felon l'ufage ufité, plutòt,
dis-je, aux Preparatifs de la guerre,
aux Intrigues, & machinations en *Pologne*, à des Alliances, à l'appret de la
Milice neceffaire, à la promotion des
Officiers, à l'Etappe, & à la marche des
Trouppes, qu'à de fe mettre en peine
de la Juftice de la caufe, peu digne
felon eux d'attention. C'étoit affez que
la *France* s'ennuyoit du repos, & qu'Elle
vouloit inquièter l'*Empire*, en affoibliffant fon Chef. A cette fin on refo-
lut de concert avec l'*Efpagne*, & là
*Sardaigne* d'attaquer l'Empereur *Charles*
au *Rhin*, & en *Italie* (g) fe fervant des
pre-

(g) La *France* n'auroit pû s'émanciper
d'attaquer l'Empereur en alleguant
une raifon fi peu valable, fi Elle n'eut
été foutenuë premierement par l'Alliance avec l'*Efpagne*, & de *Sardaigne*, &
affurée de l'autre coté, du peu de fecours qu'on preteroit à l'*Autriche*, fi
l'amitie inalterable avec la Porte *Ottomanne* ne l'eut rendu temeraire, & fi
Elle

pretextes les plus legers pour pallier cette Rupture. Cet accident & le dommage qui en revint à l'Auguste maison d'Autriche, le de membrement de deux opulents Royaumes en *Italie*, le sacrifice de la *Lorraine* & *de Bar*, deux Duchés anciens & souverains, l'engagement dans

T

la

Elle n'eut connu le fort & le foible de la maison d'*Autriche*. Quel Transport de Joye la Cour de *France* ne ressentit-Elle pas lorsqu'on tira plusieurs Cours d'*Allemagne* dans ses Interêts? On joua même les Cartes si bien que quelques Courtisans qui avoient de l'ascendant sur l'Empereur, & auxquels l'argent *François*, les mets, & les Vins avoient corrompu les sens, induisirent l'Empereur à donner son consentement, au Projet enfanté, touchant la Reduction de plus de 40000. hommes, ces gens furent contraints par la derniere misére d'entrer aux Services *François* & devinrent les ennemis jurés de l'*Au-*

la derniere malheureuse guerre avec le *Turc* suivant le conseil des Partisans *François*; les Campagnes équivoques qui se firent en *Hongrie*, la paix paradoxe, où l'on cede sans besoin la considerable Province de *Servie*, la bariere *Belgrades*, & autres places aux *Turcs*, enfin la mort de l'Empereur *Charles* VI. de glorieuse memoire & l'extinction de l'Auguste maison d'*Autriche*, projettée par la Cour de

Autriche, & depuis ce tems là cette illustre maison a eu peu de bonheur & de prosperité. Que n'at-on pas plutôt suivi les maximes de l'incomparable Prince *Eugene*, ce heros des heros, en levant des Trouppes au lieu de les caser, pour lesquels les fonds auroient été faciles à trouver, sans être les sangsues des Peuples, si l'on eut voulu suivre le projet de deux veritables Patriotes, savoir du Sieur *Guillaume* de *Horneckel* & du decapité *Frederic Guillaume* Baron de *Schröter*.

de *France*, tout ceci eſt aſſez ma-
nifeſte, & de memoire recente, pour que
je puis couper court, ou reſerver le reſte pour une ſeconde Partie: je finis
donc & ſouhaite ſeulement
qu'on puiſſe dire.

*Tandem bona cauſa triumphat!*

# ERRATA
## de la 1re feuille.

Page 6. Ligne 16. *Comineus*, lisés *Comines*.
Page 12. Ligne 2. *Rennaud*, lisés *Réné*.
Page 13. Lig. 11. *de Bonaire*, lis. *Debonnaire*.
Page ibidem Ligne 13. *fugitif*, lis. *fugitif*.
Page 17. Ligne 2. *aggrandir*, lisés *s'agrandir.* Ligne 20. *imparare*, lis. *imparare*.
Ligne 10. *Peniciens*, lis. *Phocéens.*
Page 18. Ligne 2. *Apoll.* lisés *apollou.* Ligne 6. *Phenicient*, lisés *Phocéens.*
Page 21. Ligne 14. *Annam*, lisés *Annam.*
Page 22. Lig. 7. *Charles VII.* lis. *Charles VIII.*
Page 23. Ligne 24. *cominens*, lisés *comines.*
Page 26. Ligne 2. *Claudie*, lisés *Claude.*
Page 29. Ligne 6. *de Capitanata*, lisés *de la capitanole.*
Page 34. Ligne 3. *Bononie*, lisés *Boulogne.*
Page 42. Lig. 11. *Philogistes*, lis. *Philologistes.*
Page 43. Ligne 7. *Maîtres*, lisés *Maîtresse.*
Ligne 8. *armare*, lisés *ayma.*
Page 46 Ligne 13. *Wignafort*, lis. *Wiguefort.*
Page 52. Ligne 20. *Valence*, lisés *Valentinois.*
Page 53. Ligne 26. *Trojan*, lisés *Trajan.*
Page 58. Ligne 4. *Barbarossa*, lisés *Barberousse,* & Ligne 9. *Louis*, lisés *François.*
Page 71. Ligne 9. *Toule*, lisés *Toul.*
Page 74. Ligne 15. *stabilito*, lisés *stabilita.*
Ligne 16. *rato*, lisés *rata.*
Page 82. Ligne 7. *de Thuane*, lisés *Thou.*
Page 90. Ligne 19. *Posan*, lisés *Posanie.*
Page ibidem Ligne 20. *Cracau*, lisés *Cra-*

Cracovie. idem *Siradis*, lifés *Siradien*.

Page 92. Ligne 3. *Stephan*, lifés *Etienne*.

Page 104. Ligne 4. de *Scite*, lifés *Scbites*.

Page 116. Ligne 13. *François Nicolet, avec*, lifés fon frere *François* avec *Nicole*.

Page 117. Ligne 20. *Esma*, lifés *Emma*. Ligne 24. *Ises*, lifés *Isles*.

Page 118. Ligne 2. *recouvrir*, lifés *recouvrer*.

Page 119. Ligne 3. *Cataloniens*, lifés *Catalans*. Page idem Ligne 19. *bonoife*, lifés *bone*. Page idem Ligne 24. *Charles IV.* lifés *Charles VI.*

Page 135. Lig. 3. *Analogiftes*, lif. *Apologiftes*.

Page 146. Ligne 4. *ontre*, lifés *contre*.

Page 151. Ligne 7. *Cortrecbt*, de *Durmunden*, lifés *Courtrai*, de *Dixmude*.

Page 165. Ligne 18. *Milan*, lifés *Lorraine*. Page idem *vindicula*, lifés *vindicatu*.

Page 167. Ligne 2. *Nicole François*, lifés *François* & fon Epoufe *Nicole*. Page idem, Ligne 16. *Marfeilles*, lifés *Marfal*. Ligne 21. *James*, lifés *Jametz*. Ligne 24. *Mauxi*, lifés *Nancy*.

Page 169. Ligne 6. l'*Empeur*, lifés *Empereur*.

Page 173. Ligne 21. *James*, lifés *Jametz*.

Page 176. Ligne 14. *Laftinsky*, lif. *Leokfinsky*.

Page 189. Ligne 9. *Cracu*, lifés *Cracovie*.

Page 190. Ligne 11. *des Piaftes*, lifés *Piafte*.

Page 192. Ligne 1. *Jacob*, lifés *Jaques*. & Ligne 5. *Jacob*, lifés *Jaques*.

Page 199. Ligne 19. *Gaumont*, lifés *Caurnont*.

Page 204. Ligne 9. *Croace*, lifés la *Croatie*.

Page 214. Ligne 3. *Luxembourg*, lifés *Strasbourg*.

CPSIA information can be obtained
at www.ICGtesting.com
Printed in the USA
BVHW091902220819
556561BV00021B/4940/P